职业教育一体化新形态教材

薪酬管理与个税计算

主　编 ◎ 张　茹　刘明石
副主编 ◎ 彭　妮

电子工业出版社
Publishing House of Electronics Industry
北京·BEIJING

内 容 简 介

本教材由两部分组成，上篇介绍职工薪酬管理，突出薪酬制度的设计、社会保险及住房公积金的理论与计算、考勤工资的制度规定和计算方法，内容通俗易懂，条理清晰；下篇介绍个人所得税计算，突出居民个人综合所得及其他所得的个人所得税的计算与缴纳，非居民个人各类所得个人所得税的计算与缴纳，以及根据企业的实际情况制作工资表，该部分内容结合《中华人民共和国个人所得税法》，按照实际工作要求，采用任务驱动法层层递进、深入浅出，具有很强的实用性及操作性。

本教材附有配套的工作任务手册，对每一章节的重点问题进行强化训练，并以工作任务的形式进入实操，对应答案可登录华信教育资源网下载。本教材既可作为职业院校财会专业和人力资源专业的教材，又可作为在职财会人员及人力资源工作者的自学教材和培训教材。

未经许可，不得以任何方式复制或抄袭本书之部分或全部内容。
版权所有，侵权必究。

图书在版编目（CIP）数据

薪酬管理与个税计算 / 张茹，刘明石主编. —北京：电子工业出版社，2023.5
ISBN 978-7-121-45623-7

Ⅰ. ①薪… Ⅱ. ①张… ②刘… Ⅲ. ①企业管理－工资管理②个人所得税－中国 Ⅳ. ①F272.923②F812.424

中国国家版本馆 CIP 数据核字（2023）第 089052 号

责任编辑：陈　虹　　　　特约编辑：田学清
印　　刷：北京虎彩文化传播有限公司
装　　订：北京虎彩文化传播有限公司
出版发行：电子工业出版社
　　　　　北京市海淀区万寿路 173 信箱　　邮编：100036
开　　本：880×1230　1/16　印张：11.5　字数：302 千字　插页：20
版　　次：2023 年 5 月第 1 版
印　　次：2023 年 5 月第 1 次印刷
定　　价：42.00 元

凡所购买电子工业出版社图书有缺损问题，请向购买书店调换。若书店售缺，请与本社发行部联系，联系及邮购电话：(010) 88254888，88258888。
质量投诉请发邮件至 zlts@phei.com.cn，盗版侵权举报请发邮件至 dbqq@phei.com.cn。
本书咨询联系方式：chitty@phei.com.cn。

前 言

2018年8月31日，第十三届全国人民代表大会常务委员会第五次会议通过了《关于修改〈中华人民共和国个人所得税法〉的决定》，自2019年1月1日起施行。随着本次个人所得税改革的全面推行，许多企业和个人在应用个人所得税的相关条款时出现了比较多的实际问题。同时，对于大部分人来说，个人收入的主要来源为工资、薪金所得，企业的薪酬管理制度、国家的社会保障制度及企业考勤工资的计算方法等对纳税人的工资、薪金所得有较大的影响。

针对人力资源及会计相关专业岗位的需求，以及个人所得税改革后，大多数企业和个人对个人所得税的认识不足、办理流程不熟练、操作能力不足的现状，编者以政策为依据，并结合"1+X"个税计算课证融通的要求，采用工作手册式方式编写了本教材。本教材对职工薪酬管理及个人所得税等重点内容进行了详细讲解与介绍，具有很强的实战性和可操作性。读者可以通过本教材，系统地认识和学习职工薪酬管理和个人所得税的相关知识。本教材辅以配套的工作任务手册及答案，满足教学及实际工作的需要。

本教材具有以下特点。

（1）体现"新"：知识新，本教材根据新颁布的《中华人民共和国个人所得税法》和新的社会保障制度进行编写，与现行制度保持一致，并对重点问题进行了深度解析；结构新，本教材采用"任务导入"的方式讲解重点内容，采用"任务拓展"的方式介绍其他相关内容。

（2）突出"用"：在保持新颖的基础上，突出实用性，以工作中实际遇到的问题为切入点，介绍相关知识点，据以解决问题，拓展思维。本教材分为上下两篇：上篇介绍职工薪酬管理，突出薪酬制度的设计、社会保险及住房公积金的理论与计算、考勤工资的制度规定和计算方法；下篇介绍个人所得税计算，突出居民个人综合所得及其他所得的个人所得税的计算与缴纳，非居民个人各类所得个人所得税的计算与缴纳，以及根据企业的实际情况制作工资表，对工作有很强的指导作用。

本教材汲取了相关理论研究和实务改革的较新成果，结构合理、内容新颖、语言精练、表达准确，是一本科学、实用的教材。本教材由北京商贸学校张茹、刘明石担任主编，彭妮担任副主编，刘文辉、马艳玲、姚远、张彬、张丽娟、赵龙翔、罗阳等参编，中联集团教育科技有限公司刘春梅、财天下科技有限公司侯刘成、北京华麟行信息咨询有限公司蔡峰提供了大量数据资料并参与了编写。

由于职工薪酬管理及个人所得税相关政策文件具有时效性，本教材一切内容都是以书稿完成时的相关政策规定为基础的。如果个人所得税的相关政策和办理方法发生变化，请读者以官方政策文件为准。届时，具体的政策文件或操作方法可以拨打 12366 纳税服务热线咨询，也可以登录国家税务总局官方网站查询。

由于编者水平有限，书中难免有不足之处，恳请各位读者提出宝贵意见，以便我们及时更正。

目　录

上篇　职工薪酬管理

项目 1　认识薪酬管理 3
　　任务 1.1　初识薪酬 3
　　任务 1.2　浅析薪酬管理 8
　　任务 1.3　设计薪酬制度 10
　　任务 1.4　设计不同岗位的薪酬模式 13
　　任务 1.5　动态调整薪酬结构 20

项目 2　员工社会保险及住房公积金计算 34
　　任务 2.1　计算员工社会保险 34
　　任务 2.2　计算员工住房公积金 47

项目 3　计算员工的考勤工资 52
　　任务 3.1　编制公司考勤表 52
　　任务 3.2　计算考勤工资 62

下篇　个人所得税计算

项目 4　认识个人所得税 77
　　任务 4.1　认识个人所得税的纳税人 77
　　任务 4.2　认识个人所得税的征税对象 80
　　任务 4.3　认识个人所得税的税率与预扣率 84
　　任务 4.4　申报个人所得税 89

项目 5　居民个人综合所得个人所得税的计算 93
　　任务 5.1　工资、薪金中累计收入、累计减除费用、累计专项扣除的计算 93
　　任务 5.2　工资、薪金中累计专项附加扣除的计算 100
　　任务 5.3　工资、薪金预扣预缴个人所得税的计算 109

任务 5.4　劳务报酬所得预扣预缴个人所得税的计算 113

任务 5.5　特许权使用费所得预扣预缴个人所得税的计算 117

任务 5.6　稿酬所得预扣预缴个人所得税的计算 119

任务 5.7　全年一次性奖金个人所得税的计算 122

任务 5.8　一次性补偿收入个人所得税的计算 127

任务 5.9　其他一次性收入个人所得税的计算 130

任务 5.10　居民个人综合所得汇算清缴业务的办理 132

项目 6　其他各类收入个人所得税的计算 147

任务 6.1　经营所得个人所得税的计算 147

任务 6.2　财产租赁所得个人所得税的计算 150

任务 6.3　财产转让所得个人所得税的计算 152

任务 6.4　利息、股息、红利所得个人所得税的计算 154

任务 6.5　偶然所得个人所得税的计算 156

项目 7　非居民个人各类所得预扣预缴个人所得税的计算 158

任务 7.1　非居民个人工资、薪金所得预扣预缴个人所得税的计算 158

任务 7.2　非居民个人劳务报酬所得、稿酬所得、特许权使用费所得预扣预缴个人所得税的计算 164

项目 8　综合训练 169

用 Excel 表格制作工资表 169

上篇

职工薪酬管理

> 我是一名一线销售人员，收入不太稳定，通过努力，终于拿下了一个大单，这个月的绩效工资和奖金比较可观，总体上收入还不错。

> 我是一名行政管理人员，收入非常稳定，能满足基本生活，优点是稳定，缺点也是稳定。

情境导入：

小明是今年刚毕业的大学生，很荣幸成了北京商贸公司人力资源部的实习生，参加了新员工的入职培训，了解了公司的各项规章制度、要求及工作流程，没过多久主任就通知她，薪酬岗位因公司人事调动出现空缺，希望她能承担薪酬岗位的工作。于是她开始了学习模式，首先，翻阅了职位说明书，发现很有挑战性，工作的主要内容：协助上级制定薪酬方案和薪酬工作的流程，组织实施并监督执行；进行薪酬核算、个人所得税申报和社会保险及公积金的管理；定期对薪酬数据进行统计分析，并对薪酬相关资料及时更新、分类存档，做好维护和管理工作；关注业内其他企业的薪酬情况，做好薪酬调查，并进行人力成本的预算等。时间紧、任务重，她决定利用一切可以学习的机会赶快成长起来，不断鼓励自己："加油！小明，你一定行的！"

项目 1

认识薪酬管理

> **知识目标**：了解薪酬的概念和内涵；理解薪酬管理的概念、主要内容及作用；认识薪酬制度；了解不同岗位的薪酬模式；了解薪酬调整的原因和原则，熟知薪酬调整的流程；掌握薪酬调整的方法。
>
> **能力目标**：掌握不同岗位的薪酬模式，学会应用所学的知识分析和解决薪酬管理过程中存在的问题，能够与他人进行良好的沟通协作，以更好地完成薪酬管理工作。
>
> **情感目标**：培养学生爱岗敬业和遵纪守法的意识；深刻理解"多劳多得"和"君子爱财，取之有道"等基本道理，使学生认识到幸福生活是通过个人努力奋斗得来的。

任务 1.1 初识薪酬

任务导入

一天，小明正在埋头整理资料，总裁办的赵刚来找她："小明，我最近准备贷款买房，麻烦给我开具一份收入证明，因为首付外的其他房款，我都准备找银行贷款，所以请把收入证明上的金额尽可能开到最大，谢谢！"小明说："买房是好事，我清楚你的想法了，一会儿我去请示领导，开好后通知你来取。"

根据描述，如果你是小明，你将打算依据什么开具这份收入证明呢？

任务分析

一、薪酬的概念和内涵

薪酬是指在雇佣关系的前提下，企业因员工从事劳动、履行工作职责后而支付的报酬，或者说薪酬是员工因向所在的企业提供劳动或服务而获得的各种形式的酬劳。

薪酬是人力资源管理中非常重要的模块，对于社会、企业和个人都具有非常重要的意义。从社会角度看，薪酬是绝大部分社会成员的可支配收入，薪酬水平将决定整个社会的消费水平；从企业角度看，薪酬意味着企业支付给员工的人工成本，人工成本能否有效发挥最佳效果是衡量薪酬体系的主要标准；从员工角度看，薪酬是出租自身劳动后所获得的报酬，是与企业的交换结果，可以用来满足基本生活需要或提升生活品质。

> **知识链接**：如何理解薪酬是员工与企业的交换结果？
>
> 个人的收获：工资、奖金、福利等有形报酬；个人职业发展机会；从工作中获得的安全感和成就感；工作带来的社会地位和荣誉；工作塑造的生活方式等。
>
> 个人的付出：个人的时间和精力；个人积累的学识和才能；为实现企业规定的业绩而付出的努力；遵守企业的各项制度和要求；遵从职业道德，如对企业忠诚、爱岗敬业等。

总之，我们可以从多角度出发，这有利于我们更加深刻地认识和理解薪酬。

二、薪酬的分类

基于不同的标准，可以把薪酬分成不同的类型，为了更好地认识薪酬，我们简单对薪酬进行分类，具体如下。

1. 基于范围，薪酬可分为狭义的薪酬和广义的薪酬

（1）狭义的薪酬（经济性薪酬）开始是指直接经济性薪酬，如工资、补贴、奖金、期权等。后来随着国家法律法规对福利薪酬的硬性要求，狭义的薪酬还包括了社会保险、住房公积金和其他福利等间接经济性薪酬。

（2）广义的薪酬，也称全面薪酬，除了狭义的薪酬，还包括非经济性薪酬，如工作成就感、个人职业发展、工作环境和授权等。

狭义的薪酬和广义的薪酬之间的关系如表 1-1 所示。

表 1-1 广义的薪酬与狭义的薪酬之间的关系

全面薪酬（广义的薪酬）	经济性薪酬（狭义的薪酬）	直接经济性薪酬	固定直接经济性薪酬	固定工资
				补贴/津贴
			非固定直接经济性薪酬	绩效工资
				奖金
				股票/期权
		间接经济性薪酬	社会保险、住房公积金	
			补充保险	
			带薪休假	
			培训学习	
			其他福利	
	非经济性薪酬	工作特征类非经济性薪酬（个人主观感受）	工作成就感	
			个人职业发展	
			信任	
			影响力	
			荣誉	

续表

全面薪酬（广义的薪酬）	非经济性薪酬	工作环境类非经济性薪酬（客观的环境）	工作环境
			工作条件
			授权
			参与机会

2. 基于工作时间，薪酬可分为时薪、日薪、月薪、年薪

（1）时薪是指以小时为单位计算薪酬，享有加班费。适用于临时雇工，如按小时计费的保洁、家政人员等。

（2）日薪是指以日为单位计算薪酬，也享有加班费。适用于普通员工或临时雇工，如水泥工、建筑工人等。

（3）月薪是指以月为单位，根据规定的月薪标准计发薪酬。适用于办公室人员及部门管理者，如办公室文员、财务部出纳等。

> **知识链接：**
>
> 按照《中华人民共和国劳动法》的规定，在法定节假日，用人单位应当依法支付工资，即折算日薪、时薪时不剔除国家规定的法定节假日。据此，日薪、时薪的折算方法如下。
>
> 日薪＝月工资收入÷月计薪天数
>
> 时薪＝月工资收入÷（月计薪天数×8）
>
> 月计薪天数＝（365-104）÷12=21.75（天）
>
> 104天是休息日，因为休息日劳动者休息，用人单位不发工资。
>
> 根据《国务院关于职工工作时间的规定》的规定，职工每日工作8小时、每周工作40小时。

（4）年薪是指以年度为单位，依据企业的生产经营规模和经营业绩，确定并支付经营者薪酬。适用于企业中高层管理者及少数有创造性的专业技术人员，如总经理、副总经理等。

除此之外，还有计件薪酬，是指企业以员工生产产品的数量和质量为单位，来支付员工薪酬。适用于生产型企业的一线工人，如生产手机的流水线员工、制衣厂烫工等。

三、从不同视角看薪酬

要弄清楚任务中的问题，我们就要把问题放在现实工作环境中，分析员工和企业是怎么看待薪酬的，具体如下。

1. 员工视角

从普通员工的视角看，薪酬包括企业通过现金或银行卡定期支付给员工的钱（工资），这部分薪酬多是按月支付的，也有按项目、任务或临时支付的；缴纳的社会保险、住房公积金

由企业支付的部分，主要表现为以现金形式使用的部分；企业的福利、补贴，如补充保险、饭费补贴、交通补贴、通信补贴、住房补贴等，一般以发票的方式报销或按照额度直接发钱，有些则以饭卡、生日卡、班车和免费食宿等方式提供；还有其他奖金，这部分主要根据团队、部门、公司的效益计发。

综上，员工对薪酬的理解有着明显的经济倾向性，也就是说，能够形成购买力和提高消费能力的薪酬才是被员工认可的薪酬。

2. 企业视角

企业从成本和收益的角度看，所有为劳动者提供的、要支付成本的项目，都应列入薪酬的核算范围。除直接经济性薪酬外，其他内容如表 1-2 所示。

表 1-2　企业视角下的薪酬

序号	薪酬范围	具体内容	评价
1	企业遵守法律法规已经缴纳的费用，但员工感受不直观的薪酬支出	如个人所得税、社会保险企业缴纳的部分和住房公积金企业缴纳的部分	这部分支出具有国家强制性，企业直接支付给国家的相关机构
2	企业自愿为保证员工身心健康支付的薪酬	如带薪年假、带薪病事假、奖励旅游、疗养、心理辅导、休闲活动等	不以员工的实际劳动为依据，来保证员工的身体、心理健康
3	企业为员工提供培训、帮助员工学习和获得职业发展、促进员工个人成长的薪酬支出	如学费资助、轮岗、内部培训、导师辅导、对外交流等	帮助员工提高、进步和成长
4	企业为留住高质量的员工而长期提供的薪酬支出	如期权、股票、内部创业支持	具有长期激励作用
5	企业还为员工提供了一些更加隐性的薪酬支出	如工作环境、职位、身份、授权、成就感等	不能以金钱直接衡量，但能提升满意度

对企业来说，薪酬范围要比员工视角下的薪酬范围更大，以上列举的非经济性薪酬占薪酬总额的比例不低，在某些地区甚至能达到薪酬总额的 50% 以上。但因无法及时变现与支配，一般员工无法感受到。

拓展链接 1：理解和区分与"薪酬"相关的概念。

任务实施

首先，小明要清楚加盖公司公章的收入证明不能随意开，收入金额也不能弄虚作假，要有依据。

其次，收入证明的内容和格式并没有严格要求，公司可以按照常规开具，也可以考虑员工需要有弹性地开具。这体现在可以写税前工资，也可以写税后工资；可以包括年终奖，也可以不包括年终奖。

最后，小明给赵刚开具了金额为 173 800 元的年收入证明，是包括年终奖在内的税前工资，是他个人收入的上限，并且收入中的各项都是有据可查的。开具的依据：基本工资 8 000 元/月，工龄工资 300 元/月，岗位工资 1 150 元/月，住房补助 2 000 元/月，交通、电话、餐补等福利补贴小计 1 200 元/月，年终奖 22 000 元（每年年底一次性发放）。所以，赵刚的年收入总额为 173 800 元。

> **知识链接：**
>
> 根据《关于工资总额组成的规定》第三条的规定：工资总额是指各单位在一定时期内直接支付给本单位全部职工的劳动报酬总额。工资总额的计算应以直接支付给职工的全部劳动报酬为根据。
>
> 根据《关于工资总额组成的规定》第四条的规定，工资总额由下列六个部分组成：（一）计时工资；（二）计件工资；（三）奖金；（四）津贴和补贴；（五）加班加点工资；（六）特殊情况下支付的工资。

任务拓展

案例 1-1

某公司三年前招聘的销售员李思在购房办理按揭手续时，被银行要求提供收入证明。根据他与公司所签订的劳动合同，底薪为 5 000 元，销售另算提成，每月大概收入 15 000 元。可是，按照李思所申请的贷款数额，银行要求其月收入不能低于 25 000 元。

为顺利办理银行按揭贷款，李思找到公司人力资源部门的张经理，请求公司为其出具一份月工资为 25 000 元的收入证明。张经理请示了公司总经理。在总经理眼中，李思平日兢兢业业，便答应了他的要求，于是公司按照李思需要的工资标准出具了收入证明。

李思后来离开了该公司，没想到，他离职后没多久，便向劳动争议仲裁委员会申请了劳动争议仲裁，要求该公司按照月薪 25 000 元的标准补发就职期间的工资，所提供的证据就是该公司为帮助他办理按揭贷款所出具的收入证明。

【案例分析】

根据描述，该公司虽出于好意，开具了高于实际工资数额的收入证明，但这明显是一种不合法的行为，一旦触发纠纷诉讼，公司没办法提供合法依据，所以该行为为日后的法律风险埋下了隐患。

至少涉及以下两类法律风险。

（1）一旦劳动者和用人单位产生争议，用人单位没有相反并有效的证据证明"收入证明是基于重大误解或受胁迫所出具的虚假证明"，那么加盖公章的收入证明就可能会成为认定劳动者工资标准的重要证据，将对用人单位的权益产生侵害。

（2）可能要承担连带还款义务。用人单位虚开收入证明的行为可能导致银行做出错误的贷款决定，增加了银行收回贷款的风险，因此有意外情况发生时，银行有权力要求该公司承担相应连带还款义务。

任务 1.2　浅析薪酬管理

任务导入

几天前，主任让小明承担薪酬管理方面的相关工作，但她没有经验。于是小明在自我学习的同时，还向经验丰富的同事和专家请教。随着学习的深入，小明逐渐了解了什么是薪酬管理，以及薪酬管理的主要内容。

任务分析

一、薪酬管理的概念

薪酬管理是指企业针对员工所提供的工作和服务，对员工的薪酬总额、薪酬结构和薪酬形式的确定、分配和调整的动态过程，具体包括薪酬水平、薪酬策略、薪酬结构、薪酬支付原则等要素。简单来说，薪酬管理包括薪酬体系设计与薪酬日常管理两个方面。

二、薪酬管理的主要内容

企业薪酬管理的目标与企业经营管理的目标要保持一致，即以尽可能少的人力成本获得尽可能大的经济效益，通过不断地改善薪酬管理，达到吸引、留住和激励人才的目的。薪酬管理的主要内容如表 1-3 所示。

表 1-3　薪酬管理的主要内容

序号	具体工作	内容和要求	作用
1	制定薪酬管理政策	为企业的薪酬管理确立目标和基本思路，主要权衡企业的薪酬成本控制、企业的薪酬制度与员工的薪酬水平是否匹配的问题	确保薪酬管理的公平性，有助于组织和个人目标的实现

续表

序号	具体工作	内容和要求	作用
2	选择薪酬总额的管理方法	合理确立企业和员工在经济利益分配上的比例，以协调彼此之间的关系	通过保障企业和员工两方面的利益实现互利共赢，最终实现企业持续稳定地发展
3	建立薪酬体系	薪酬体系是企业用来确定个体薪酬的方法，即确定员工基本工资的核定方法、核定依据和核定过程	通过基本薪酬核定的科学性、公开性和透明性，使基本薪酬充分体现员工的劳动贡献
4	确定薪酬结构	根据企业的实际情况和劳动市场的变化，确定薪酬中的基本薪酬、激励薪酬和福利薪酬的比例	最大限度地反映员工的劳动对企业价值和目标实现的贡献
5	设计激励薪酬制度	明确激励的方向和具体政策，如奖励工资是对其超工作标准的贡献给予的激励，附加工资是特殊工作岗位的超常投入所给予的补偿。其核定方法、核定依据和核定过程一定要具有科学性、公开性、透明性	关注员工的需要，保障激励机制的充分发挥具备前提条件
6	确立福利薪酬	福利薪酬是对人的价值所给予的认定在经济福利上的体现，要确保其核定方法、核定依据和核定过程具有充分的科学性、公开性、透明性	对员工工作态度和行为选择具有诱导和激励作用
7	确定薪酬支付的原则和方法	确定薪酬支付的原则、方法、途径，增强薪酬支付的公开性和及时性	使薪酬支付工作具有充分的激励作用
8	制定薪酬调整政策	确定薪酬调整的条件、方法和操作程序	保证薪酬调整的科学性、公开性和及时性，使薪酬调整具有充分的激励作用

任务实施

在现代企业管理过程中，薪酬管理是企业人力资源管理体系的核心部分，归属于企业经营管理范畴。良好的薪酬管理能够支持组织实现人力资源战略目标。从成本收益角度看，企业薪酬管理的目标之一就是通过有效的管理，以尽可能少的人力成本获得尽可能大的经营效益。

企业进行薪酬管理的作用具体如下。

（1）吸引和留住企业需要的人才。

（2）鼓励员工积极提升工作所需的各项能力，实现个人和企业的共同成长。

（3）激励员工，提高员工的工作效率，创造更多的利润，实现更美好的发展前景。

拓展链接2：不同情境下的薪酬管理。

任务1.3 设计薪酬制度

任务导入

因公司业务有重大调整，最近人力资源部异常繁忙。开会时，主任交给小明一项重要工作，即重新梳理完善薪酬制度，使薪酬制度更加适用。为了顺利完成该项工作，她决定踏上学习之路，一边学、一边做，为公司设计出符合公司实际情况的薪酬制度。

根据任务描述，如何设计张大彪所在公司行政部门的薪酬制度？

任务分析

一、薪酬制度的概念

薪酬制度，也称工资制度，是指用人单位为激励全体员工，采取各种方法向员工支付各种形式报酬的有关规范、标准、方法的总称。

薪酬制度是企业人力资源管理制度的重要组成部分，也是企业最常见的激励员工的手段之一。在员工的心目中，薪酬不仅是自己的劳动所得，在一定程度上还代表着社会对自身价值的认可，也代表着企业对其工作成果的认同，甚至还代表着其个人能力提升的潜力。因此，设计科学合理的薪酬制度对企业和员工都是非常有必要的。

二、薪酬制度的内容

毫无疑问，薪酬制度属于企业规章制度，是为实现企业的经营管理目标而设计的，薪酬制度一般包括薪酬分配制度，薪酬管理原则，工资支付，薪酬结构，工资等级，奖金、福利补贴和其他规定等内容。

1. 薪酬分配制度

薪酬分配制度是指以按劳分配为主体、多种分配方式并存的制度，体现了效率优先、兼顾公平的原则，也称工资分配制度。薪酬分配制度能发挥市场机制对工资收入的调节作用，使员工的工资收入水平随着经济发展和企业效益的变动而变动。我国的《中华人民共和国劳动法》《企业最低工资规定》《工资支付暂行规定》等法律法规，对工资分配做了明确规定。一般来说，政府会依法制定和适时调整最低工资标准，规范工资支付办法，定期向社会发布工资指导线、市场工资指导价位和人工成本信息，引导企业采用灵活多样的工资制度和分配形式，维护企业的工资分配自主权和劳动者依法获得劳动报酬的权利。

2. 薪酬管理原则

（1）公平性原则。公平性主要是指内部的公平性，是指不同职位或员工的薪酬应当与各自对企业的贡献、绩效成正比。因此，需要对职位进行评价，并根据评价结果来确定职位薪酬。

（2）竞争性原则。企业给出的薪酬要有竞争力，才有望在人才市场上吸引和招募到所需人才，也称外部的公平性。

（3）激励性原则。设计薪酬制度时需要将内部各类、各级职位的薪酬水平适当拉开距离，真正体现依据才能和贡献分配的原则。

（4）经济性原则。设计薪酬制度时需要考虑企业薪酬总成本与发展阶段的情况，薪酬水平应当考虑企业可以承受的范围。

（5）合法性原则。企业的薪酬制度要符合国家法律和政策的有关规定。

3. 工资支付

工资支付就是员工工资发放的具体办法，即如何计发在制度工作时间内员工完成一定工作量后应获得的报酬，或在特殊情况下如何支付工资等问题。一般包括工资支付项目、工资支付水平、工资支付形式、工资支付对象、工资支付时间及特殊情况下的工资支付等。

工资应当以法定货币支付，不以实物及有价证券替代货币支付。用人单位必须书面记录支付劳动者工资的数额、时间、领取者的姓名及签字，并保存两年以上备查。用人单位在支付工资时应向劳动者提供一份其个人的工资清单，如工资单或电子工资表。

工资必须在用人单位与劳动者约定的日期支付，如遇节假日或休息日，则应提前在最近的工作日支付。工资至少每月支付一次，实行周、日、小时工资制的可按周、日、小时支付工资。

注：公司支付工资的方式和标准不能违反《工资支付暂行规定》，该规定根据《中华人民共和国劳动法》有关规定制定，目的是维护劳动者通过劳动获得劳动报酬的权利，规范用人单位的工资支付行为。

4. 薪酬结构

薪酬结构是指企业中各种工作或岗位之间薪酬水平的比例关系，包括不同层次工作之间薪酬差异的相对比值和不同层次工作之间薪酬差异的绝对水平。企业的薪酬结构是多元的，主要包括岗位工资、绩效工资、福利补贴、工龄工资和奖金等，很多企业将它分化成更细的子项目和层次。

5. 工资等级

工资等级是指相同性质的工作因劳动强度、劳动条件、责任大小和繁简难易程度等的差别，形成以等级形式表现的工资差别。工资等级的数目称为工资等级数，各等级的工资货币额度被称为工资等级标准。工资等级可以分为技能工资等级、岗位工资等级和职务工资等级等。

总之，合理的工资等级有利于正确处理企业各部门之间及部门内部各方面的关系，有利于鼓励职工提高技术水平和劳动熟练程度，以促进劳动生产率的提高。

6. 奖金、福利补贴

奖金是因达成预定绩效目标或超额完成既定目标后的绩效而得到的奖励，通常支付依据是绩效标准。奖金强调薪酬与业绩充分挂钩而产生的可变性和激励性，奖金是以整体绩效达到作为充分必要条件，引导员工实现企业的发展目标。一般可以分为短期奖励和长期奖励，也可分为个人奖励和团体奖励。

福利补贴也是薪酬制度必须规定清楚的。福利是指企业为了留住和激励员工而采用的非现金形式的报酬；补贴是指补偿职工在特殊条件下的劳动消耗及生活费额外支出的工资补充形式。两者虽然经常一起说，但有一定的差别，福利一般是非现金形式的报酬，而补贴是以现金形式固定发放的。

7. 其他规定

薪酬制度还应该对过渡方法和其他影响薪酬制度运行的方面做出规定。

任务实施

根据上述分析，现为张大彪所在公司行政部门设计薪酬制度，具体内容和步骤如下。

步骤一：明确薪酬制度的目的。张大彪的薪酬与岗位职责、工作绩效密切结合，薪酬制度设计必须以岗位为基础，以具有激励作用的工作绩效考核为核心，实现制度化和规范化管理。

步骤二：指明适用范围。薪酬制度是企业规章制度的一部分，根据不同部门的特点和企业发展情况，不同薪酬制度适用的人员不同。例如，本任务中的张大彪为行政部的普通一员，而非其他部门的人员，因此适用的薪酬制度为行政部门的薪酬制度。

步骤三：确定薪酬的构成。张大彪的工资主要由固定工资和浮动工资两部分组成。

固定工资根据行政人员的岗位、资历、学历和技能等因素确定，是相对确定的工作报酬，包括基本工资、技能工资和住房补贴等项目。

浮动工资根据行政人员的考勤情况、绩效表现和公司的经营效益确定，是相对不确定的工作报酬。

注：工资表中还有几类扣除项，行政人员工资扣除项包括个人所得税、公司代扣代缴社会保险费、公司代扣代缴住房公积金和罚款等。如果发放出现错误，将在下月工资"补杂"项补发。

步骤四：规定薪酬标准和计算公式。

（1）确定薪酬标准。标准工资是指员工在正常工作时间内为用人单位提供正常劳动应得的劳动报酬，即国家、部门（或者行业）、企业对职工规定的在一定时期内的具体工资数额。我国一般规定月工资标准，企业根据组织生产和计算工资的需要，可以把月工资标准换算成日工资标准或小时工资标准。确定合理工资标准的关键是确定好最低一级的工资标准，最低一级的工资标准是确定各级工资的基础，也是职工基本工资的起点。

（2）设定工资标准系数。为了便于计算，可以设置固定工资标准系数为 A，其中基本工资、技能工资和住房补贴的标准系数分别为 A_1、A_2、A_3，则 $A=A_1+A_2+A_3$；浮动工资标准系数为 B，其中考勤工资、绩效工资和效益工资的标准系数分别为 B_1、B_2、B_3，则 $B=B_1+B_2+B_3$，具体如表1-4所示。

表1-4 行政人员固定、浮动工资标准系数表

系列	固定工资标准系数 A				浮动工资标准系数 B			
项目	基本工资	技能工资	住房补贴	合计	考勤工资	绩效工资	效益工资	合计
	A_1	A_2	A_3	A	B_1	B_2	B_3	B
标准	0.2	0.4	0.1	0.7	0.1	0.1	0.1	0.3

（3）薪酬计算公式。

应发工资=固定工资+浮动工资

固定工资=基本工资+技能工资+住房补贴=工资标准×固定工资标准系数之和

浮动工资=考勤工资+绩效工资+效益工资=工资标准×浮动工资标准系数之和

实发工资=应发工资+补杂项目-扣除项目

步骤五：规定福利补贴内容。福利补贴主要分为法定部分和公司规定部分，如社会保险、住房公积金、培训、带薪休假、补充保险、通信费用和法定节假日慰问品等。

除了上述内容，还需要对薪酬的管理权限、薪酬调整和发放及制度的有效期等内容做出明确规定，这样才能形成较为完整的薪酬制度，使之更加适应当前的情况。

任务1.4 设计不同岗位的薪酬模式

任务导入

目前，北京商贸公司处于快速成长期，产品的性能也在进一步改进，市场开拓已初见成效，但销售部门的业绩却不容乐观。公司经过调查弄清了情况，销售人员普遍认为，大家只

拿基本工资，无论个人业务做成什么样，最后大家收入都差不多，很不公平。另外，其他公司的业务员都可以拿提成，业务做得好，收入令人羡慕。总之，这些原因导致销售人员工作懈怠、业绩不佳。基于这些信息，公司决定重新设计薪酬模式，使销售人员重振信心。

楚云飞是该商贸公司有着 8 年以上工作经验的资深销售员，基本保持每月 100 万元的销售业绩，近期因工作压力比以前大，但收入没什么变化，再加上现实中的生活压力，他对公司的薪酬模式意见很大，业绩也有下滑趋势。

根据上述任务中描述的情况，请为楚云飞所在的销售岗位设计契合企业实际情况的薪酬模式，激励销售人员的积极性，以解决企业面临的困境。

任务分析

一、销售岗位和人员的特点

销售就是介绍商品提供的利益，以满足顾客特定需求的过程。对企业而言，销售工作做得好与坏直接影响或决定企业商品能否变现，以及能否最终实现企业的盈利目标和其他经营目标。

销售人员是指直接进行销售工作的人员，如业务经理、市场经理、区域经理、业务代表等。销售人员的工作时间和工作方式具有较强的灵活性，因此对其工作过程的监督管理难度很大，而以销售结果进行衡量是比较容易的。销售工作的独特性决定了其薪酬模式必须能够激发销售人员的工作积极性，否则就可能出现如任务中描述的类似问题。

二、销售岗位的薪酬模式

根据销售岗位的职责和销售人员的工作特点，再结合企业的经营情况，销售岗位的典型薪酬模式及优缺点如表 1-5 所示。

表 1-5 销售岗位的典型薪酬模式及优缺点

薪酬模式	定义	优点	缺点
单一底薪模式	无论销售人员的销售额是多少，均可领取固定底薪的一种薪酬模式	1. 提高销售人员的忠诚度 2. 增强销售人员的安全感 3. 易于管理	1. 缺乏竞争机制，难以留住进取心强的销售人员 2. 不利于绩效评估的开展 3. 不利于销售费用的控制
"底薪+提成"模式	以单位销售额或总销售额的一定比例为提成，连同固定工资一起支付的一种薪酬模式	1. 有固定薪酬作为保障，可以增强销售人员的安全感 2. 与销售业绩挂钩，具备一定的激励作用	这种模式的薪酬设计比较复杂，实施该种模式的前提是底薪与提成的结构比例适当，制度要相对完善，需经过考核计发薪酬，否则将产生问题

续表

薪酬模式	定义	优点	缺点
"底薪+奖金"模式	除固定底薪外,还给予销售人员数额不等的奖金的一种薪酬模式	类似于"底薪+提成"模式	类似于"底薪+提成"模式
"底薪+提成+奖金"模式	除固定底薪和一定比例提成外,当销售人员业绩达到既定标准时,还可获得奖金的一种薪酬模式	1. 兼顾底薪、提成、奖金三种报酬的优点 2. 充分考虑了销售人员的特点,调动其积极性	1. 提高了企业的销售成本 2. 加大了具体操作的难度
纯提成模式	在销售人员的薪酬中没有底薪部分,其全部薪酬都来源于基于销售额的提成部分的一种薪酬模式	1. 充分考虑了销售人员的特点,调动其积极性,容易留住销售能力强的销售人员 2. 利于绩效评估的开展,以及对销售费用的控制	1. 不利于保障销售人员的基本生活,使其缺乏安全感和忠诚度 2. 该模式虽然操作简单,但存在法律风险

一般而言,多数企业倾向选择第二种或第三种模式。我们需要注意的是,因企业所处行业、产品供求状况、企业规模大小、企业高层管理者价值取向不同,企业的薪酬模式选择会有所差异。即使是同一企业在不同的发展阶段,也可能选择不同的薪酬模式。

1. 销售人员的底薪

销售人员的底薪一般是根据当地的最低工资标准、销售任务完成情况、回款周期等因素来制定的。以表1-6为例,供大家参考。

表1-6 销售人员的底薪(示例)

岗位名称	工作年限	签单任务量	底薪标准
资深销售员	7年以上	100万元/月以上	5 000元
高级销售员	5~7年(含)	70万—100万元(含)/月	4 500元
中级销售员	2~5年(含)	50万—70万元(含)/月	3 500元
初级销售员	2年及以下	50万元/月及以下	3 000元

2. 销售提成比例

销售提成比例一般根据不同销售业绩、不同利润、产品的成熟度和不同职级等因素进行阶梯设计。以表1-7为例,供大家参考。

表1-7 某公司销售提成比例阶梯设计表(示例)

职级	季度销售额	提成比例
销售部经理	3 000万元以上	2.1%
	2 000万元~3 000万元(含)	1.7%
	2 000万元及以下	1.4%

续表

职级	季度销售额	提成比例
销售主管	800万元以上	4.1%
	500万元~800万元（含）	3.3%
	500万元及以下	3%
销售人员	100万元以上	7%
	50万元~100万元（含）	5%
	50万元及以下	4%

注：（1）销售部经理的提成比例依据是部门全体人员的销售总额，若销售部经理个人也销售产品，则其个人销售产品金额部分也可按照销售人员的提成比例计提。

（2）销售主管的提成比例依据是自己所管理的销售团队的销售总额，若销售主管个人也销售产品，则其个人销售产品金额部分也可按照销售人员的提成比例计提。

（3）销售人员的提成比例依据为自己的销售总额。

（4）销售人员职级越高，提成比例设置得相对越低，直接销售商品的销售人员提成比例最高；商品销售得越多所获得的提成比例越高，随着销售额档次的提升，提成比例的级差将被拉大。

目前，销售人员提成可以按业务量、合同约定量、回款、项目和团队等来计算。

3. 奖金

公司应建立特殊贡献奖、销售成本节约奖、建议奖等奖项，每半年或一年评选一次。对于在销售业绩、成本控制、有效建议提成等方面做出突出贡献的一线销售人员，分别给予不等的现金奖励，如销售部门可以根据一线销售人员的工作情况，在完成销售计划的前提下每年评选出一名优秀销售员，并给予激励奖金。

4. 福利补贴

福利补贴包括国家法定福利、公司保障性福利和公司关怀性福利。这项是一般性规定，基本全体员工都享有。

任务实施

为了激励公司销售部门楚云飞等销售人员的工作积极性，现公司决定重新设计销售部门的薪酬模式，先要做的就是果断放弃原来单一底薪模式，采用"底薪+提成"模式，如果超额完成任务还有一次性现金奖励。

将楚云飞原来和现在的薪酬做一下对比，具体如下。

楚云飞月薪酬（原来）=基本工资+工龄工资+岗位工资+交通补助+电话补助=5 000+200+5 000+800+200=11 200（元）（不考虑扣税和扣款）

楚云飞月薪酬（现在）计算公式=底薪+提成+超额奖励

注：楚云飞的底薪是5 000元，假设楚云飞在新的薪酬模式实施当月就完成110万元的销售

额，则楚云飞的销售提成为 77 000 元（1 100 000×7%），另外超额完成任务获得公司规定的 6 000 元一次性奖励。

楚云飞薪酬（现在）=5 000+77 000+6 000=88 000（元）（不考虑扣税和扣款）

大家可以清楚地看到，改变薪酬模式后，楚云飞的收入有了巨大差距。采用"底薪+提成"的薪酬模式不但鼓励了多劳多得，极大地唤起了大家的工作热情，还解决了内部的公平性和外部的竞争性问题，提升了销售岗位的薪酬水平，提高了销售人员的工作积极性，使公司整体业绩的颓势得以扭转，为企业的发展提供了动力和支持。

任务拓展

案例 1-2

李鑫是小猫科技有限公司的总经理，他的工资采用年薪制。李鑫是由猎头招聘来的高级管理人才，因此其年薪制工资不但要能保证基本生活水平，还应该具有一定的市场竞争力。

那么公司应如何设计年薪制，以达到薪酬管理的目的呢？

【案例分析】

1. 认识年薪制

1）年薪制的概念

年薪制是指以企业会计年度为时间单位，根据管理者的经营业绩优劣而计发工资的一种薪酬制度，包括基本年薪和绩效年薪。

2）年薪制的适用对象

（1）企业总经理、副总经理；

（2）企业权力部门决定实行年薪制的其他管理和创造性人才。

随着年薪制的普及，很多企业扩大了年薪制的使用范围，如一些关键技术研发人员、重要的营销人才、能力很强的项目管理人员和软件工程师等，这些人都具有素质较高、创造力较强的特点，工作的价值难以在短期内体现。对这些人员应采取年薪酬，以期其为企业带来不可估量的价值。

3）年薪制的特点

（1）将经营管理者的收入与其经营业绩挂钩，提升经营管理者的责任感。

（2）年薪制在设计上坚持利益共享、风险共担的原则，使企业经营管理者与企业的所有人紧密相连，使双方利益得到最大限度的保障。

（3）一般来说，年薪制以一个年度为时间单位，能较好地让经营管理者发挥其管理岗位的优势。

2. 掌握年薪制的构成

一般来讲，年薪制的主要构成包括基本年薪和绩效年薪，根据企业发展的实际情况，年薪制在具体构成上会有一些出入，具体有如下两种年薪类型可以参考。

年薪收入=基本年薪+绩效年薪+特殊奖励
年薪收入=基本年薪+绩效年薪+长期激励+福利补贴

1）基本年薪

基本年薪作为年薪制收入重要来源之一，与一般工资制中的基本薪酬并无太大区别，都要考虑职位价值、责任、能力和市场薪资行情等，基本年薪的总额平均到每个月里按月固定发放，以保证管理人员的日常生活需求。

2）绩效年薪

绩效年薪主要根据企业的经济效益与管理人员完成工作目标的绩效情况进行核算。绩效年薪部分根据考核结果决定发放绩效薪酬数额，属于管理人员的收益与经营业绩直接相关的部分。

绩效年薪根据审计后的经营业绩而定，如果完成年初确定的经营指标，则足额发放；如果未能完成经营指标，则按没有能完成的比例相应减少绩效年薪的发放；如果超额完成经营指标，则按超出的比例给予相应的奖励。绩效年薪一般在每年的年底发放。

注：在企业实际操作中，绩效薪酬往往以基本年薪或经济效益增加值为基数，如绩效年薪=基本薪酬×倍数×考核指标的完成系数，使用这种方法需要依赖量化的绩效考核结果，核算过程较为复杂。

3）特殊奖励

特殊奖励是根据年度经营指标的完成情况，公司对在经营管理上绩效优异的管理人员进行的特别奖励，可以视为年终奖励。一般来说，企业对管理人员年度经营目标完成情况考核完毕后，按照相关规定计算当年绩效奖励总额，并于年底一次性发放。

4）长期激励

公司实行长期激励机制，对在企业发展过程中做出重要贡献的管理人员给予长期回报和奖励，如股票期权激励。

5）福利补贴

福利补贴包括国家法定福利、公司保障性福利和公司关怀性福利等。

【案例解析】

根据公司的实际情况，李鑫的年薪结构如下。

李鑫的年薪收入=基本年薪+绩效年薪+特殊奖励+长期激励+福利补贴

李鑫的年薪标准为 60 万元时，基本年薪和绩效年薪的比例为 6∶4，则李鑫的基本年薪为 36 万元，按月发放，每月 3 万元，绩效年薪 24 万元，年底发放；特殊奖励是对全年综合表现的肯定，与绩效年薪不冲突，分为优良中差四档，分别对应 3 万元、2 万元、1 万元、0 元等金额，李鑫本年度考评为优；假设本年股票期权收入 2 万元；货币性福利补贴 0.2 万元，那么李鑫的年薪收入如下：

李鑫的年薪收入=基本年薪+绩效年薪+特殊奖励+长期激励+福利补贴=36+24+3+2+0.2=65.2（万元）

案例 1-3

李云龙是人力资源部的培训专员，在企业服务了 3 年。为了调动员工的工作积极性，确保行政人事岗位的工作质量，为公司发展提供良好的保障作用，公司要设计激励与约束相结合的公平、公正的薪酬制度，使员工能够与公司一同分享公司发展带来的收益。

根据任务描述，适合该岗位的薪酬模式要如何设计呢？

【案例分析】

李云龙的岗位特点决定其较为适合"职位+技能"薪酬模式。职位薪酬是指企业根据员工所承担的工作和技能熟练程度，来确定员工的基本薪酬。以职位作为基本薪酬的发放依据，是实现同工同酬的重要依据；同时关注人的技能和资质，这是提高工作效率的保证。

李云龙的薪酬=基本工资+工龄工资+绩效工资+奖金

（1）基本工资是根据劳动合同约定或国家及企业规章制度规定的工资标准计算的工资，也称标准工资。在一般情况下，基本工资是职工劳动报酬的主要部分。

（2）工龄工资是指以员工为企业工作的年限为依据发放的工资，体现了员工的工作经验及对公司的忠诚度，具体示例如表 1-8 所示。

表 1-8 工龄工资设定标准（示例）

企业工龄	2 年及以内	2~5 年（含）	5~10 年（含）	10 年以上
工龄标准	100 元/月	200 元/月	300 元/月	500 元/月

（3）绩效工资是指根据绩效考核得分发放的工资，具体示例如表 1-9 所示。

表 1-9 根据绩效考核得分设定绩效工资的发放比例（示例）

绩效考核得分	90~100 分	80~89 分	70~79 分	60~69 分	50~59 分	0~49 分
发放比例	100%	85%	75%	65%	55%	0
奖金	1 000 元/月	600 元/月	200 元/月	100 元/月	0	0

注：确定绩效工资基础。以基本工资的 100%作为计发基数，即 6 000 元

（4）奖金是指对努力完成公司业绩的员工的鼓励，一般对在绩效考核中得分较高的员工给予奖励。

【案例解析】

综上可知，李云龙的基本工资为 6 000 元，工龄工资为 200 元，绩效考核得分为 92 分，绩效工资按 100%计发，为 6 000 元，一次性奖金是 1 000 元。

李云龙的薪酬=基本工资+工龄工资+绩效工资+奖金

=6 000+200+6 000+1 000=13 200（元）

注：该模式并不排斥年终奖与国家法定和公司规定的各项福利待遇。

任务 1.5 动态调整薪酬结构

任务导入

2021 年 11 月中下旬的某个工作日，公司人力资源部召开了一次部门会议，会议其中一个议题是如何进行年度薪酬调整的问题。会议结束后，人力资源部主任对小明说："小明，请你根据今天会议的精神及大家的意见和建议，尽快汇总意见，拟定本年度的薪酬调整方案，最迟后天上午交给我，我要用这份方案向领导请示确认今年的薪酬调整方式。"收到任务后，小明就开始了紧张的整理与准备工作，争取尽快撰写出一份令人满意的年度薪酬调整方案。

请根据任务材料中的背景信息，拟为公司销售部的一线销售员楚云飞制定薪酬调整方案。

任务分析

一、薪酬动态调整的原因

薪酬调整是企业保持管理的动态平衡和达到薪酬管理目标的重要手段，同时也是薪酬管理的日常工作之一。随着企业内外部发展环境的变化，原来的薪酬管理体系不可能永远适应和满足企业的需要，这时企业就会有针对性地进行薪酬调整，从而形成适应企业当前发展的薪酬管理体系。

在企业经营管理过程中，薪酬管理体系要随着绩效管理变革、物价指数变化、市场薪酬水平变化及企业盈利情况等适时进行调整，否则将影响员工的工作积极性，无法在吸引、保留和激励员工中保持优势。

需要注意的是，薪酬调整是一种动态调整，为了使薪酬管理体系与企业经营管理的发展目标相适应，不能仅仅将薪酬调整理解为形式上工资的上涨或下调，也可以是薪酬结构的调整或激励侧重点的偏移。

二、薪酬调整的原则

企业在进行薪酬调整时，必须考虑企业发展现状和内外部的环境变化，将薪酬水平与任职要求、绩效紧密结合，依据考核结果，适时地进行薪酬调整。要想保证薪酬调整顺利实施，需要遵循如下几项原则。

1. 公平性原则

公平性原则是薪酬管理体系的基础，员工的积极性不仅受绝对报酬的影响，还受相对报酬的影响。薪酬调整要遵循公平性原则，包括内部公平和外部公平两方面。内部公平是指通过职位评价确定的各职位相应的薪酬水平，一般还会考虑个人对企业的贡献度等因素以体现个体公平性。内部公平涉及横向公平和纵向公平，横向公平是指企业相似岗位之间的薪酬标准、衡量尺度应该是一致的；纵向公平是指员工投入与产出比能够保持稳定发展，也就是说员工获得的报酬应与付出成正比。外部公平是指同一行业、同等规模的企业或跨行业的不同企业的相似岗位的报酬应该基本相当。

2. 经济性原则

经济性原则是指要在考虑企业薪酬总成本与发展阶段的基础上，制定不同阶段的薪酬策略。企业在进行薪酬调整时，必须充分考虑企业的实际能力，既能保证薪酬具有一定的竞争性和激励性，又能为企业的可持续发展留有扩大投资或生产的资金。

3. 激励性原则

激励性原则是指要将企业内部各类、各级职位的原有合理的薪酬水平适当拉开差距，真正体现依据才能和贡献分配的原则，来鼓励员工提高业务能力，并创造出突出的工作业绩。激励是企业内部激发员工积极性的基本手段，一般会综合考虑多方面的因素。

4. 竞争性原则

薪酬要具有一定的竞争力，企业才有望在人才市场上吸引和招募到所需人才。所以，企业在调整薪酬的时候也要考虑行业内整体薪酬的水平，尤其要关注竞争对手的薪酬水平，以保证企业的薪酬在市场上具有相对的竞争力，能够为企业吸引、留住发展所需的人才。

除此之外，企业在进行薪酬调整的过程中，还要从企业发展战略的角度进行分析，尤其是发展较为成熟的企业，在调整薪酬时，还要考虑影响薪酬的各方面的因素，以确定不同因素对薪酬影响程度的大小，给予其不同的权重，从而确定各岗位的价值大小，以保证薪酬制度能够与企业发展战略相匹配。

三、薪酬调整的流程

我们了解了进行薪酬调整的原因后，就应该根据实际情况适时地对薪酬进行调整。那么如何进行薪酬调整呢？薪酬调整的流程具体如下。

1. 展开薪酬调查，收集薪酬的相关信息

企业应通过科学的方法，利用各种途径收集相关信息，并对信息进行对比分析，为确定本企业的薪酬水平提供数据支持。

首先，确定薪酬调查的目的。在本任务中，薪酬调查是为薪酬调整提供数据支持的，以保证调整后的薪酬具有公平性和激励性，从整体上解决企业薪酬内外部的平衡问题，为企业整体的薪酬水平、薪酬级差的调整提供重要依据。

其次，明确薪酬调查的对象。薪酬调查的对象一般包括两类：一类是同行业的不同企业或跨行业中工作性质相近的与本企业有竞争关系的企业；另一类是本行业中有代表性的企业，尤其是与本企业有一定相似性的企业。

再次，清楚薪酬调查的内容。企业调整薪酬前需要收集的薪酬信息：人力资源市场的宏观薪酬情况；有竞争关系的企业薪酬情况；内部薪酬的满意度情况；与薪酬相关的法律、法规和规章等；当地居民的消费水平。

复次，采用合适的薪酬调查方式。结合自身的实际情况，企业可以选择通过委托专业机构进行调查；可以了解公开的信息，获得有用的信息和数据；也可以从与本企业有业务和其他往来的人员中获得其所了解的企业薪酬情况；还可以使用最为常见的调查方法——问卷调查来系统了解企业薪酬情况，具体可以参考薪酬调查表。

最后，对调查获得的信息数据进行整理分析。企业通过不同途径获取的信息和数据需要进行分类、汇总与统计分析，形成薪酬调查报告，为薪酬调整提供数据支持。

2. 初步拟定薪酬调整方案

薪酬调整方案的目的是向企业员工传达薪酬调整的基本情况和方法等，内容大致如下：薪酬调整的目的；本次薪酬调整的适用范围；薪酬调整应该遵循的基本原则；薪酬调整采取的方法；薪酬调整的标准和资格；薪酬调整的有效期限。此外，薪酬调整方案还要体现薪酬调整的具体实施计划及需要配合的部门情况等。

3. 进行沟通

沟通是指公司为了实现薪酬管理的目标，通过各种途径与员工就薪酬相关的问题做出的信息交流的过程，是企业薪酬管理起到激励作用的重要保障。众所周知，薪酬调整是个敏感问题，需要畅通沟通途径，人力资源部的工作人员应加强同员工的沟通，以确保员工对薪酬调整方案的理解和接受。当然在实际操作过程中，不同的企业可以根据实际采取适合自身情况的沟通方式。

4. 发放薪酬调整信息的确认

本流程依赖前期的准备工作，在完善后的调整方案的基础上，以部门为单位进行薪酬调整信息的确认，这些信息具体如下：员工的基本信息与本人薪酬的现在和历史信息，如目前岗位和薪酬、曾任职岗位和薪酬变动情况，以及历年绩效考评成绩等；员工本次薪酬调整的基本信息，如是否涉及岗位变动、本次薪酬调整的类型、本次薪酬调整的金额变动和生效日期等。部门汇总信息后需要上交薪酬调整建议汇总表，示例如表 1-10 所示。

表 1-10　薪酬调整建议汇总表（示例）

部门	工号	职级	姓名	当前薪酬	去年绩效评定结果	拟调整薪酬比例	拟调整薪酬金额	调整原因

5. 回收、检查薪酬信息

根据各部门提交的薪酬调整建议汇总表，人力资源部进行初步审核，对符合调整政策规定的予以通过，对于不符合政策规定的，人力资源部需要及时与该部门的负责人进行沟通，要求修改或放弃。在这个过程中可能会产生很多问题，人力资源部的人员需要保持足够的耐心和自信，与各部门负责人进行反复沟通，以保证薪酬调整符合公司整体的发展思路，达到薪酬调整的预期目标。

6. 经过领导审批

相关领导的审批是薪酬调整的必经环节，该环节应确保之前的所有工作过程形成书面文件，并呈交给相关领导。这样做的目的有两个：一是让领导知悉薪酬调整的工作过程；二是保证薪酬调整结果的合法性。

7. 更新薪酬档案，通知薪酬变动信息

根据领导的审批确认，人力资源部将着手对员工档案中的薪酬部分进行更新，并将结果通知到部门或员工，具体通知方式可以根据情况选择全公司发布或小范围发布。

8. 接受投诉，妥善处理员工的投诉

薪酬调整核准后，员工可能会有对薪酬调整有不理解或不满意的地方，这时，人力资源部需要提前畅通渠道，以方便员工投诉和提意见。人力资源部对于投诉和意见需要耐心对待，妥善解决。

上述内容主要是公司和人力资源部视角下的薪酬调整流程，个人视角下启动薪酬调整的流程在形式上稍有差异。

四、薪酬调整的方法

薪酬调整的常见方法包括等额度调整薪酬、等比例调整薪酬、基于绩效调整薪酬、基于能力调整薪酬、基于态度调整薪酬、基于综合因素调整薪酬等几种方法。

1. 等额度调整薪酬

等额度调整薪酬是指全体员工的工资在原来的基础上一律按照相同的额度进行调整。这里要指出等额度调整薪酬不考虑员工原有工资水平的高或低，可以增加基本工资，也可以把增加的工资以岗位津贴或补贴的形式发放。

等额度调整薪酬主要是为了解决物价上涨带来的工资购买力下降的问题，也可以是企业出于竞争力薪酬考虑的涨薪行为。优点是操作简单，能够保留原有的薪酬差距；缺点是对不同薪酬水平的员工产生的激励效果是不一样的，对低薪酬员工可以产生较为明显的激励效果，而对高薪酬员工起到的激励效果较差。

> **小实训**
>
> 为了解决物价上涨带来的工资购买力下降的问题，北京商贸公司决定本年度以增加基本工资的方式进行薪酬调整，根据薪酬调查结果拟定为全体员工增加450元基础工资。按照等额度调整薪酬的方法，那么公司各部门该如何进行薪酬调整呢？等额度调整薪酬汇总表如表1-11所示。
>
> 表1-11　等额度调整薪酬汇总表　　　　　　　　　　　　　单位：元
>
> | 工号 | 部门 | 姓名 | 当前基本薪酬 | 拟调基本薪酬金额 | 调整原因 |
> |---|---|---|---|---|---|
> | 2020001 | 人力资源部 | 李云龙 | 6 000 | 6 450 | 解决因物价上涨使员工的工资购买力下降的问题 |
> | 2020002 | 行政部 | 张大彪 | 6 000 | 6 450 | 同上 |

续表

工号	部门	姓名	当前基本薪酬	拟调基本薪酬金额	调整原因
2020003	财务部	孔捷	6 000	6 450	同上
2020004	总裁办	赵刚	8 000	8 450	同上
2020005	销售部	楚云飞	5 000	5 450	同上
2020006	后勤部	刘洁	3 000	3 450	同上

2. 等比例调整薪酬

等比例调整薪酬是指企业在全体员工原有工资基础上等比例增加或降低员工薪酬的方法，如全体员工的薪酬下调10%。大家可以看到这种薪酬调整方法将导致原本薪酬高的员工的薪酬调整幅度大于原本薪酬低的员工。

该方法适用于原有薪酬水平不高、差距不大或想要强调内部薪酬差距的企业。等比例调整薪酬的优点是实施起来不复杂，对员工产生同样程度的激励效果；使用该方法也要看情况，如果企业有因基本薪酬差距过大之忧，就不适用，否则该企业的基本薪酬将因采用该方法而越拉越大，所以企业应同时考虑公平性和经济性，避免为薪酬管理制造不必要的麻烦。

小实训

为了适当拉开基本薪酬的差距，公司决定本年度以调高基本薪酬的方式进行薪酬调整，拟定在全体员工原有工资基础上按照10%的比例调高基本薪酬，按照等比例调整薪酬的方法，那么公司各部门该如何进行薪酬调整呢？等比例调整薪酬汇总表如表1-12所示。

表1-12 等比例调整薪酬汇总表　　　　　　　　　　　　单位：元

工号	部门	姓名	当前基本薪酬	拟调基本薪酬金额	调整原因
2020001	人力资源部	李云龙	6 000	6 600	适当拉开基本薪酬的差距；强调内部薪酬差距
2020002	行政部	张大彪	6 000	6 600	同上
2020003	财务部	孔捷	6 000	6 600	同上
2020004	总裁办	赵刚	8 000	8 800	同上
2020005	销售部	楚云飞	5 000	5 500	同上
2020006	后勤部	刘洁	3 000	3 300	同上

计算过程使用的公式：

拟调整基本薪酬金额=当前基本薪酬×（1+拟调整比例）

需要注意的是该方法在企业实际应用时操作较为复杂。

3. 基于绩效调整薪酬

基于绩效调整薪酬是指根据员工的绩效考核结果调整员工薪酬的一种方法。这就意味着根据员工绩效考核的不同结果，相同岗位、相同层级的薪酬调整的额度或幅度肯定是不一样的。

顾名思义，使用基于绩效调整薪酬方法的企业特别关注绩效，强调因绩效考核结果不同而产生的有竞争性的薪酬，该方法适用于某些便于进行绩效考核的岗位，如销售业务类岗位和销售管理类岗位等。该方法的优点是以绩效各项标准为目标，对员工的工作能起到很强的引导作用，有非常明显的激励效果。

> **小实训**
>
> 假如公司为了更好地激励销售人员做好销售工作，采用激励薪酬模式，即"底薪+提成"模式，具体提成比例如表 1-13 所示。
>
> **表 1-13 具体提成比例**
>
> | 职级 | 月销售额 | 提成比例 |
> | --- | --- | --- |
> | 销售人员 | 80 万元以上 | 7% |
> | | 50 万元~80 万元（含） | 5% |
> | | 50 万元及以下 | 4% |
>
> 注：（1）销售人员的提成比例依据为自己的销售总额。
> （2）销售人员职级越高，提成比例设置得相对越低，直接销售商品的销售人员提成比例最高；商品销售得越多所获得的提成比例越高，随着销售额档次的提升，提成比例的级差将被拉大。
>
> 根据上述资料，公司销售员楚云飞在完成 50 万元、60 万元和 100 万元不同销售额时，绩效薪酬将如何进行计算呢？
>
> 解析：（1）假如销售员楚云飞本月完成了 50 万元的销售额，那么他将拿到 2 万元的提成，即 50×4%=2（万元）。
>
> （2）假如销售员楚云飞本月完成了 60 万元的销售额，那么他将获得 3 万元的提成，即 60×5%=3（万元）。
>
> （3）假如销售员楚云飞本月完成了 100 万元的销售额，那么他将得到 7 万元的提成，即 100×7%=7（万元）。
>
> 在不考虑各种扣款和扣税的情况下，销售员楚云飞在完成 50 万元、60 万元和 100 万元不同销售额时，拿到的提成分别是 2 万元、3 万元和 7 万元。

4. 基于能力调整薪酬

基于能力调整薪酬是指根据员工的能力测评结果调整员工薪酬的方法。这种方法与基于绩效调整薪酬的方法有相同之处，即在薪酬调整前都要进行考核，相同岗位、相同层级的员工能力测评水平越高，薪酬调整的幅度或额度就越大，反之薪酬调整的额度或幅度就越小。不同点在于考核的方向和具体方法不同。

基于能力调整薪酬的方法适用于那些注重能力的岗位，如某些技术类岗位和教育培训类岗位等。该方法的优点是有能力的员工将得到因能力考核带来的有效激励；该方法具有一定的主观性，不太容易进行量化考核，如果企业仅仅考核员工某种能力，可能并不会带来整体绩效提升的效果。

5. 基于态度调整薪酬

基于态度调整薪酬是指通过 360°评价或是上级对下级工作积极性和主动性的评价，判断员工工作态度的优劣程度，以确定薪酬调整的一种方法。根据该方法，对员工工作态度评价的评分越高，薪酬调整的额度或幅度就越大。

基于态度调整薪酬的方法适用于那些看重工作态度，如工作积极性和主动性等方面的岗位。一般企业对于新入职的员工往往使用该方法进行考察。该方法的优点是通过对员工工作态度的评价来引导员工以积极的态度工作；缺点是该方法具有主观性，准确性较差，无法进行量化考核，考核可能流于形式。

小实训

小张是公司的实习员工，为了规范实习员工的薪酬管理，保证实习员工的合法权益，充分调动实习员工的工作热情和积极性，公司近期将统一对实习员工进行考核，小张的考核表具体如表 1-14 所示。

表 1-14 小张的考核表

考核项目	考核标准	自我评价得分	同级评价得分	上级评价得分	各项评价均分
工作质量	能够按照工作要求，保质保量地完成领导交付的工作任务	8	9	9	
工作效率	能在规定的时间内完成领导交办的任务	8	9	9	
遵纪守法情况	能够严格遵守国家法律和公司的各项规章制度，按照公司的流程工作	9	10	10	
专业知识和技术	能够运用所掌握的专业知识和技术展开工作	8	8	8	
工作态度	对待工作积极，能够主动提出合理化、创新性建议	9	9	9	

续表

考核项目	考核标准	自我评价得分	同级评价得分	上级评价得分	各项评价均分
责任感	对待工作认真负责，能够在做好职责内工作的同时，愿意主动分担领导交办的任务或协助同事完成相关工作	8	9	9	
合作精神	能够自觉地融入团队，与同事合作完成工作任务	8	9	9	
学习能力	具备较强的学习意识，愿意大胆创新，并追求上进	8	9	9	
应变能力	能够及时察觉外界所发生的变化，并对外界变化做出适当反应	8	8	9	
解决问题能力	能够对问题进行分析和判断，并找到有效的解决办法	7	8	9	
各项评价总分					

注：考核项目满分10分，考核者根据实习员工工作表现填写分数

公司规定实习员工转正必须同时符合两项考核标准：一是各考核项目的平均分在8分以上；二是自我评价、同级评价和上级评价总分须达到80分及以上，符合这两点方可转正，那么小张能否实现转正呢？

解析：通过对小张的考核表中各项得分的简单计算，可以得出小张两项考核标准均符合，通过了公司关于实习员工的考核，公司将为小张办理转正手续，使其享受转正后的工资待遇。

6. 基于综合因素调整薪酬

除上述几种单一性的薪酬调整方法，企业在实操过程中，也可以使用综合考量两种或两种以上因素的基于综合因素调整薪酬的方法。例如，工作态度与工作能力复合考核，或者把工作能力与绩效考核结果两者进行综合考核，这两种方法是比较常见的薪酬调整方法。当然也可以综合考量更多因素，如将工作能力、绩效考核结果和工作态度等因素进行综合考核的薪酬调整方法。

任务实施

根据公司会议精神，为了鼓励一线销售人员的工作积极性，公司决定提高一线销售人员的提成比例（见表1-15），具体如下。

表 1-15　公司一线销售人员的提成比例

人员	销售额	底薪	原提成比例	拟提成比例
销售人员	80 万元以上	3 000	7%	10%
	50 万元~80 万元（含）	3 000	5%	8%
	50 万元及以下	3 000	4%	7%
注：（1）销售人员的提成比例依据为自己的销售总额。 （2）销售人员职级越高，提成比例设置得相对越低，直接销售商品的销售人员提成比例最高；商品销售得越多所获得的提成比例越高，随着销售额档次的提升，提成比例的级差将被拉大。				

假如公司销售部门的一线销售员楚云飞年度销售额是 90 万元，按拟提成比例，楚云飞可以到手的绩效工资即 9 万元（90×10%），比原提成比例要多拿 2.7 万元。当然这是税前收入，关于个人所得税的计算和各种扣除，我们将在后续章节进行详细介绍。

任务拓展

案例 1-4

某公司主要为某知名生产厂家销售各类产品，因为业务量很大，所以新聘了业务员小王。小王到公司后，工作非常努力。但他很快发现，无论自己多么努力，总是达不到很好的业绩，而其他老员工的业绩总是非常好。好在公司里无论新老员工，每个月都是按销售额的 7% 计算提成的，小王的心里也就平衡了，认为只要自己继续努力，一定可以得到和老员工一样高的薪酬待遇。

然而，又过了一段时间，小王发现他根本不可能做到和老员工一样的业绩。公司在众多的平面媒体上进行了广告宣传，但留下的联系方式都是老员工的办公电话，老员工自然先接触客户。而企业规定谁接到客户谁来跟进，这样新员工基本无法享有企业资源，只能到处跑业务，业绩提升得十分缓慢。

为了解决这个问题，小王多次和公司管理层沟通交涉，希望可以共同享用公司资源。虽然公司了解他的困境，但由于老员工握有公司的大量老客户，公司不敢轻易得罪他们，所以也是一筹莫展。

根据本案例的描述，这种情况是很多公司销售部门面临的共同问题，应该如何解决？

【案例分析】

案例中的新员工小王所面临的这一问题，可以从两个方面进行分析：一是公司资源的不平等享用，公司各类广告投入带来的资源成了老员工的专有资源，不但新员工不能分享，公司也不能拥有，这明显是不合理的现象；二是提成方式不科学，对新员工明显不具有公平性，激励效果也较差。企业对新老员工实行一刀切的提成比例，看似平等，但会因资源分配的不平等而导致实际结果的不平等。

【案例解析】

那么如何解决小王面临的问题呢？主要有两大措施，具体如下。

措施一：按销售人员的业务活动区域规划，目的是减少彼此间的不良竞争。规划的方法有多种，可以按地域划分，也可以按工作性质划分。使用这种方法时要注意对可能会出现的活动区域重叠、区域不明、区域空白等问题提前规定清楚，避免产生矛盾。

措施二：公司出面实行公司资源的独立方案，也就是把公司广告吸引过来的资源列出清单，形成新的分配方案。同时，要调整新老员工的提成比例，如在确定提成比例时，对员工自己开拓的客户给予较高的提成比例，对由公司广告吸引来的客户给予较低的提成比例；对同一个业务员，可以对其开拓的第一单业务给予较高的提成比例，对后面难度相对较小的其他业务给予较低的提成比例。与此同时，在给业务员分配活动区域时，可以先把市场分成若干个区域，让优秀的业务员先进行选择，而业务员的排序需要根据销售业绩定期调整。

对上述两大措施进行综合分析后，可以看出措施二考虑得相对周全，方案较为合理，能兼顾薪酬调整的几大原则，尤其体现了公平性、激励性和竞争性等原则。

案例 1-5

某公司财务部小刘今年获得中级会计职称，并通过了本年度的业务考核，符合公司关于薪酬调整的有关规定，于是他准备提出薪酬调整申请，那么他应该怎么做来实现薪酬调整的目的呢？

【案例分析】

根据案例中描述的情况，小刘在符合公司薪酬调整的规定时，可以由他先向部门提出申请，或者由小刘所在部门负责人直接提出申请。一般使用公司的标准表格，如果公司没有标准表格可以以一般申请书格式进行申请，然后经由部门主管同意后，再向人力资源部提出申请，由此启动薪酬调整流程，直至最后完成。

【案例解析】

薪酬调整的流程不是一成不变的，不同的企业会根据自身的实际情况制定可行性流程，员工薪酬调整流程表（示例）如表 1-16 所示。

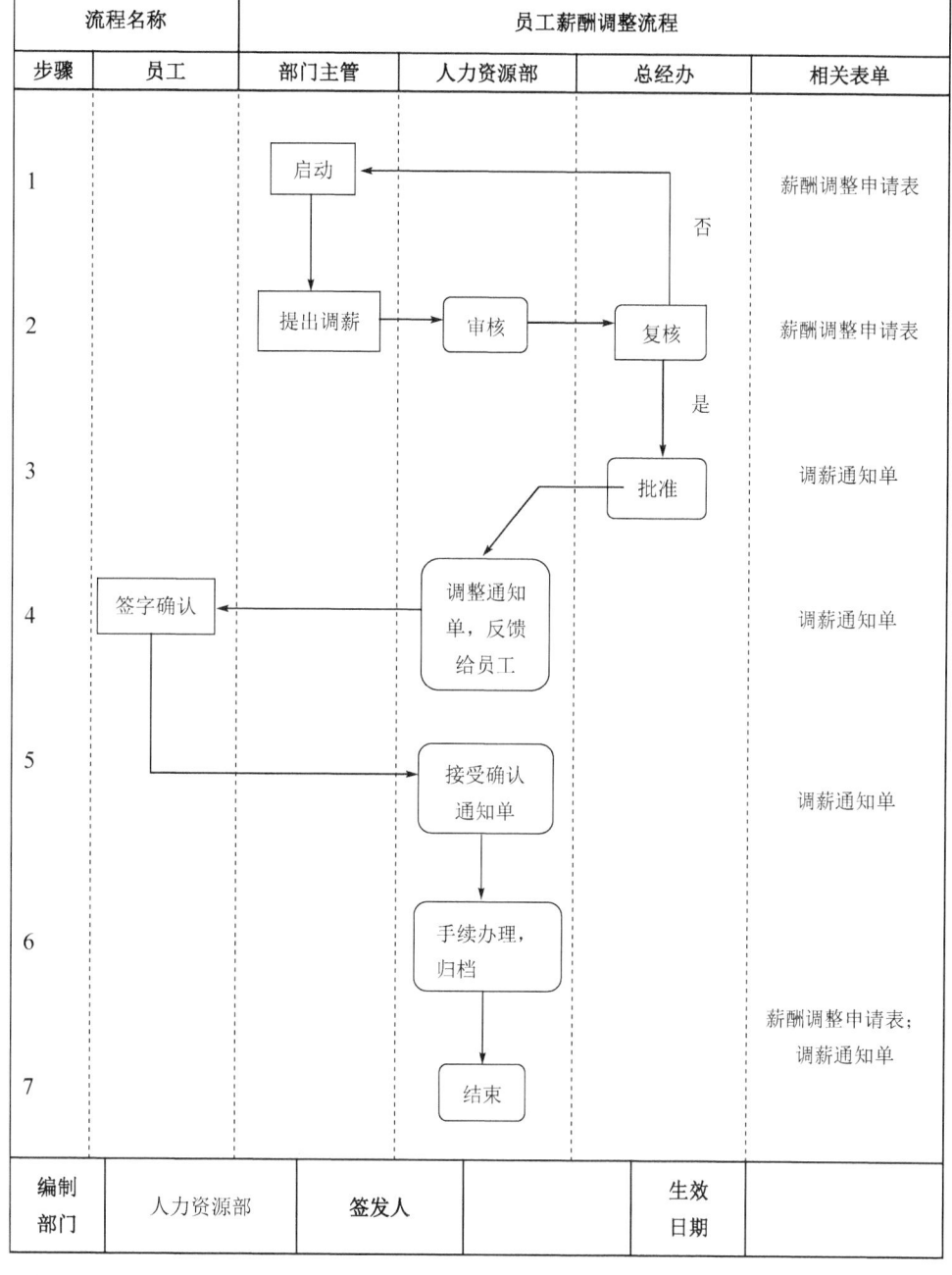

表1-16　员工薪酬调整流程表（示例）

流程名称		员工薪酬调整流程			
步骤	员工	部门主管	人力资源部	总经办	相关表单
1		启动			薪酬调整申请表
2		提出调薪	审核 → 复核（否）		薪酬调整申请表
3			批准（是）		调薪通知单
4	签字确认	←	调整通知单，反馈给员工		调薪通知单
5	→		接受确认通知单		调薪通知单
6			手续办理，归档		
7			结束		薪酬调整申请表；调薪通知单
编制部门	人力资源部	签发人		生效日期	

其实，除年度的常规薪酬调整之外，薪酬调整还有职位晋升或降职薪酬调整、换岗薪酬调整、特别薪酬调整与试用期满之后的薪酬调整等四种常见理由。

案例 1-6

小张以前是一家连锁咖啡公司的销售部经理。2021年6月，公司想要购进一批国外新产的咖啡。小张认为这种咖啡在中国的市场占有率还很低，并不能为公司带来很好的效益。于是就此事向上级主管部门提出异议。

两个月后，公司人力资源部通知小张，说由于工作需要，要撤掉小张销售部经理的职位，要求她到公司的档案管理部工作，工资由 8 000 元人民币降为 3 500 元人民币。小张不服，她认为自己的劳动合同到 2022 年 1 月才到期，公司不能随意变更自己的工作岗位。但是，公司回复，她与公司签订的劳动合同中明确过用人单位可以根据需要随意调整员工的工作岗位。小张无奈，遂向当地的劳动争议仲裁委员会申请仲裁，要求用人单位恢复其岗位及待遇。

根据案例描述的情况，你认为该公司有权力随意调整员工的岗位及待遇吗？

【案例分析】

大家都明白一个基本道理，就是企业经营管理中的各项活动不能违反国家的法律法规和政策，薪酬调整的工作也应该遵守相关法律法规。除了《中华人民共和国劳动法》，还有多部法律法规对薪酬进行了不同方面的规定，如《最低工资规定》《劳动保障监察条例》等。

> **知识链接：**
>
> 以《中华人民共和国劳动法》有关条款为依据，具体规定如下。
>
> 第十七条　订立和变更劳动合同，应当遵循平等自愿、协商一致的原则，不得违反法律、行政法规的规定。
>
> 劳动合同依法订立即具有法律约束力，当事人必须履行劳动合同规定的义务。
>
> 第二十六条　有下列情形之一的，用人单位可以解除劳动合同，但是应当提前三十日以书面形式通知劳动者本人：
>
> （一）劳动者患病或者非因工负伤，医疗期满后，不能从事原工作也不能从事由用人单位另行安排的工作的；
>
> （二）劳动者不能胜任工作，经过培训或者调整工作岗位，仍不能胜任工作的；
>
> （三）劳动合同订立时所依据的客观情况发生重大变化，致使原劳动合同无法履行，经当事人协商不能就变更劳动合同达成协议的。
>
> 第三十一条　劳动者解除劳动合同，应当提前三十日以书面形式通知用人单位。

【案例解析】

很明显，这是一起典型的用人单位私自调岗的案例。按照《中华人民共和国劳动法》第十七条、第二十六条、第三十一条的规定，因劳动合同订立时所依据的客观情况发生重大变化，致使原劳动合同无法履行而变更劳动合同的，须经双方当事人协商一致。

如果不能达成协议，则可按照法定程序解除劳动合同；因劳动者不能胜任工作而变更、调整职工工作岗位，则属于用人单位的自主权。对于因劳动者岗位变更引起的争议应依据上述精神处理。

综上所述，如果用人单位有意变更劳动者的岗位，必须与劳动者协商一致，且有正当理由。不能达成一致的，可以按照法定程序与劳动者解除劳动合同。在本案例中，该公司私自变更劳动者的岗位和薪酬待遇属于违法行为。经仲裁，该公司应立即恢复小张销售部经理的岗位及待遇。

项目 2

员工社会保险及住房公积金计算

知识目标：了解社会保险体系；学习社会保险和住房公积金的计算。
能力目标：能够正确计算每种社会保险及住房公积金的缴纳金额。
情感目标：理解缴纳社会保险和住房公积金的意义，学会用法律法规维护自身权益。

任务 2.1 计算员工社会保险

任务导入

资料：下面资料为北京商贸公司员工 2020 年月平均工资表（见表 2-1）。

任务要求：根据表 2-1，在不考虑其他因素的情况下，按照工资总额分别计算所有员工 2021 年 1 月基本养老保险、失业保险、工伤保险、基本医疗保险、生育保险单位及个人的缴纳金额。

表 2-1 北京商贸公司员工 2020 年月平均工资表

单位：元

序号	姓名	部门	基本工资	工龄工资	岗位工资	绩效奖金	超勤补贴	交通补贴	话费补贴	高温补贴	采暖补贴	工资总额
1	李云龙	人力资源部	6 000	200	1 463			500				8 163
2	张大彪	行政部	3 200	200	600			200				4 200
3	孔捷	财务部	6 000	300	1 500		300	500				8 600
4	赵刚	总裁办	7 450	300	1 150			600				9 500
5	楚云飞	销售部	5 000	200	2 000	10 357		800	200			18 557
6	刘洁	后勤部	2 200	200	600							3 000

任务分析

一、社会保险概述

(一) 社会保险

社会保险是指国家通过立法强制实行的，由劳动者、企业、国家三方共同筹资，建立保险基金，对劳动者因年老、工伤、疾病、生育、残废、失业、死亡等原因丧失劳动能力或暂时失去工作时，给予劳动者本人或供养直系亲属物质帮助的一种社会保障制度。

(二) 社会保障制度

社会保障制度是为了使社会成员共同享有社会经济发展成果，运用国家、社会的力量，通过国民收入分配再分配，给社会成员提供基本生活保障的一种制度。它包括社会保险、社会福利、社会救济，以下主要以社会保险为例进行说明。

> **知识链接：**
> 《中华人民共和国社会保险法》第二条　国家建立基本养老保险、基本医疗保险、工伤保险、失业保险、生育保险等社会保险制度，保障公民在年老、疾病、工伤、失业、生育等情况下依法从国家和社会获得物质帮助的权利。

(三) 社会保险的特征

1. 强制性

社会保险通过立法手段和政府行政手段强制推行。具体体现：劳动关系主体——用人单位和劳动者必须依法缴纳和参加；参保项目是法定的；缴费标准、待遇标准是法定的。

2. 互济性

社会保险是按照社会共同承担风险的原则组织的：遇到风险的劳动者从没有遇到风险的人那里获得一份帮助。

3. 非营利性

社会保险以帮助劳动者摆脱生活困难为目的，由政府专门机构承办、经营，基金筹集和运营都不可追求利益。

(四) 社会保险基数

1. 缴纳依据

社会保险基数是指职工在一个社会保险年度的社会保险缴费基数，它是按照职工上一年度 1 月至 12 月的工资收入总额的月平均额来进行确定的。职工的上一年度工资收入总额是指职工在上一年度 1 月至 12 月所取得的全部货币收入，包括计时工资、计件工资、奖金、津贴、补贴、加班加点工资及特殊情况下支付的工资。

2. 计算方法

社会保险以上一年度全年月平均工资的 60%～300% 为缴费基数，如月平均工资是 1 000 元，缴费基数为 600～3 000 元。职工月平均工资高于当地上一年度职工月平均工资 300% 的，以当地上一年度职工月平均工资的 300% 为缴费基数；职工月平均工资低于当地上一年度职工月平均工资 60% 的，以当地上一年度职工月平均工资的 60% 为缴费基数；职工月平均工资在 60% 至 300% 之间的，按实申报。职工月平均工资无法确定时，以当地劳动行政部门公布的当地上一年度职工月平均工资为缴费基础。对于缴费基数填报，《中华人民共和国社会保险法》明确规定，企业如果不按时足额缴纳，将受到处罚。

3. 基数调整

社会保险的缴费基数，每年要调整一次，一般是在 7 月调整。缴费基数是根据上一年度社会月平均工资确定的，因此要等到统筹地区公布上一年度社会月平均工资之后，才能进行调整。

4. 申报流程

每年 2 月至 5 月，参保单位须到办理参保登记的市社会保险费征缴管理中心或区社会保险所申报下一结算年度的社会保险缴费基数。

参保单位申报的缴费基数，须经参保职工本人签名或采用公示的方法确认。

（五）社会保险登记与申报流程

1. 登记流程

以北京市行政区域内的用人单位为例进行说明。

北京市行政区域内的用人单位，应自批准成立 30 日内办理社会保险登记，准备以下材料。

（1）载有统一信用代码的单位证件，如营业执照，批准成立证件或其他核准执业证件原件及复印件，复印件加盖公章。

（2）法定代表人或负责人的身份证原件及复印件，复印件加盖公章。

（3）开户银行的开户许可证或开立单位银行结算账户申请书，与银行签订的缴费协议或合作意向书。

（4）北京市社会保险单位信息登记表一式两份，加盖公章。

（5）分支机构（非法人单位）应提供总公司委托授权书原件。

2. 申报流程

用人单位社会保险登记申请方式有两种，一种是网上申报，另一种是企业版软件申报。仍以北京市行政区域内的用人单位为例进行说明。

（1）网上申报的流程。

用人单位登录北京市社会保险网上服务平台，进入新参保单位网页登记，选择初次登录，按要求准确录入相关信息，录入完成后保存、提交，打印北京市社会保险单位信息登记表，持办理材料到社会保险经办机构办理。

（2）企业版软件申报的流程。

用人单位通过企业版软件录入单位基本信息并保存，打印北京市社会保险单位信息登记表，通过数据交换生成报盘文件，存入U盘，并持办理材料到社会保险经办机构办理。

二、社会保险体系

社会保险体系包括基本养老保险、失业保险、工伤保险、基本医疗保险、生育保险。具体以北京市行政区域内的用人单位为例进行说明。

（一）基本养老保险

1. 含义

基本养老保险是指国家通过立法，保障劳动者在达到法定退休年龄后，从基本养老保险基金获得一定的经济补偿、物质帮助和服务，以保证其晚年基本生活的一项社会保险制度。

2. 基本养老保险费的缴纳

（1）缴费比例。用人单位应该按照国家规定的本单位职工工资总额16%的比例缴纳基本养老保险费，个人按工资总额8%的比例缴纳。

> **知识链接**：降低社会保险费率：为贯彻落实党中央、国务院决策部署，根据《国务院办公厅关于印发降低社会保险费率综合方案的通知》（国办发〔2019〕13号）精神，自2019年5月1日起，降低在京职工基本养老保险单位缴费比例（包括企业和机关事业单位），统一降至16%。降低养老保险单位缴费比例后，各单位清算2019年4月30日之前的基本养老保险费用，仍按原政策规定执行。

（2）缴费基数。职工本人一般以上一年度本人月平均工资为个人缴费基数。本人月平均工资低于当地职工月平均工资60%的，按当地职工月平均工资的60%缴费；超过当地职工月平均工资300%的，按当地职工月平均工资的300%缴费，超过部分不计入缴费基数，也不计入计发养老金的基数。

3. 享受待遇条件

达到法定退休年龄及累计缴纳基本养老保险费满15年。

拓展链接3：养老保险异地转入和转出。

（二）失业保险

1. 含义

失业保险是为了保障失业人员失业期间的基本生活，促进其再就业的一项社会保障制度。

2. 失业保险费的缴纳

用人单位缴费比例为职工工资总额的0.5%，个人缴费比例为工资总额的0.5%。

> **知识链接**：按《关于统一城乡劳动者失业保险政策的通知》（京人社就发〔2021〕8号），自2021年5月1日起统一全市城乡劳动者失业保险政策，农民合同制工人与城镇职工同等缴纳失业保险费，同等享受失业保险待遇。在阶段性降低失业保险费率期间，北京市失业保险费率为1%，本市失业保险单位和个人缴费的比例由8∶2调整为5∶5，即失业保险单位缴费比例为0.5%，个人缴费比例为0.5%。

3. 申领条件

（1）按照规定参加失业保险，所在单位和本人已按照规定履行缴费义务满1年的。

（2）非因本人意愿中断就业的。

（3）已办理失业登记，并有求职要求的。

4. 申领流程

申领失业保险金所需的材料如下。

（1）居民身份证或户口簿。

（2）终止解除劳动关系或聘用关系证明或终止存档关系证明（辞职须有辞职证明材料）。

（3）核定失业保险待遇的其他材料。

申领失业保险金的办理流程：失业人员应当在终止、解除劳动（聘用）或工作关系之日起60日内，持上述资料到户口所在地的社会保险经办机构办理失业登记，符合领取失业保险金条件的，同时办理领取失业保险金手续。

5. 失业保险金领取期限

失业保险金的领取期限是根据失业人员失业前的累计缴费时间确定的。

（1）累计缴费时间1年以上不满2年的，可以领取3个月的失业保险金。

（2）累计缴费时间2年以上不满3年的，可以领取6个月的失业保险金。

（3）累计缴费时间3年以上不满4年的，可以领取9个月的失业保险金。

（4）累计缴费时间4年以上不满5年的，可以领取12个月的失业保险金。

（5）累计缴费时间5年以上的，按每满一年增发一个月失业保险金的办法确定增发的月数，最长不得超过24个月。

6. 停止领取失业保险金的情况

如果失业人员在领取失业保险金期间有下列情形之一的，应停止领取失业保险金，并同时停止享受其他失业保险待遇。

（1）重新就业的。

（2）应征服兵役的。

（3）移居境外的。

（4）享受基本养老保险待遇的。

（5）被判刑收监执行的。

（6）无正当理由，拒不接受劳动保障行政部门指定的职业介绍服务机构介绍的工作的。

（三）工伤保险

1. 含义

工伤保险又称职业伤害保险，是指职工在工作过程中因工作原因受到事故伤害或患职业病，由社会保险经办机构对其本人或供养亲属给予物质帮助和经济补偿的一项社会保险制度。

2. 工伤保险费的缴纳

《工伤保险条例》第十条　用人单位应当按时缴纳工伤保险费。职工个人不缴纳工伤保险费。用人单位缴纳工伤保险费的数额为本单位职工工资总额乘以单位缴费费率之积。

> **知识链接**：不同行业的缴费比例不同。按照《国民经济行业分类》（GB/T 4754—2011）对行业的划分，根据不同行业的工伤风险程度，由低到高，依次将行业工伤风险类别划分为一类至八类。不同工伤风险类别的行业执行不同的工伤保险行业基准费率。一类至八类分别控制在该行业用人单位职工工资总额的 0.2%、0.4%、0.7%、0.9%、1.1%、1.3%、1.6%、1.9% 左右。其中，一类行业分为三个档次，即在基准费率的基础上，可向上浮动至 120%、150%。

3. 工伤认定

可以被认定为工伤的情况具体如下。

（1）工作时间、工作场所内因工作原因受到事故伤害的。

（2）身患职业病的。

（3）工作时间、工作场所内因履行工作职责受到暴力等意外伤害的。

（4）因公外出因工作原因受到伤害或者发生事故下落不明的。

（5）上下班途中，受到机动车事故伤害的。

（6）在工作时间、工作岗位，突发疾病死亡或在 48 小时内抢救无效死亡的。

（7）上班时间前后在工作场所内，从事与工作有关的预备性或者收尾性工作受到事故伤害的。

（8）在抢险救灾等维护国家利益、公共利益活动中受到伤害的。

（9）职工原在军队服役，因战或因公负伤致残，已取得革命伤残军人证，到用人单位后旧伤复发的。

4. 一次性工伤医疗补助金

一次性工伤医疗补助金的申请条件：北京市行政区域内的用人单位，7~10级工伤人员，劳动、聘用合同期满终止或者职工本人提出解除劳动、聘用合同的；5~6级工伤职工本人提出与用人单位解除或者终止劳动关系的。所需的办理材料如下：

（1）北京市社会保险参保人员减少表一式三份。

（2）劳动能力鉴定结论通知书复印件一份。

（3）解除劳动合同证明复印件两份（内容如下：工伤职工姓名、身份证号、解除劳动合同原因、解除劳动合同时间精确到年月日、本人签字、单位盖章）。

（4）特殊情况，需提供其他相关材料。

一次性工伤医疗补助金的办理流程：用人单位携带办理材料前往参保地社会保险经（代）办机构支付岗办理工伤保险待遇申领手续。

（四）基本医疗保险

1. 定义

基本医疗保险是为了抗御疾病风险而建立的一种社会保险制度，被保险人患病就诊发生医疗费用后，由医疗保险机构对其给予一定的经济补偿。

2. 基本医疗保险费的缴纳

基本医疗保险由用人单位和职工共同缴纳。用人单位缴费比例为职工工资总额的9%，职工个人缴费比例为工资总额的2%+3元的大额医疗费用互助资金。

3. 基本医疗保险转出

如果职工想到异地就业并参保，且北京市的用人单位已为职工申报办理中断，则职工本人或用人单位可以申请办理异地流动就业职工的基本医疗保险关系转出业务。办理转出业务分为两种情况。

情况一：用人单位提出转移申请，填写基本医疗保险关系转移接续申请表，收到基本医疗保险关系转移接续联系函，生成参保凭证、职工医疗保险类型变更信息表，终止职工在本地的医疗保险关系。

情况二：收到外地转来的基本医疗保险关系转移接续联系函，生成参保凭证、职工医疗保险类型变更信息表。

职工本人办理需携带本人居民身份证原件。

4. 基本医疗保险转入

符合北京市医疗保险转移接续认定条件的流动就业人员，可办理基本医疗保险关系转入手续。职工或用人单位填报异地流动就业人员基本医疗保险关系转移接续申请表；本人办理需提交本人居民身份证、户口簿原件及复印件。

职工或用人单位提交上述资料，各区社会保险办理机构初审符合转入条件的，打印基本医疗保险关系转移接续联系函。

（五）生育保险

1. 定义

生育保险是指国家通过立法规定，在女职工因生育子女而导致暂时丧失劳动能力和正常收入时，由国家或社会提供物质等帮助的一项社会保险制度。

2. 生育保险费的缴纳

《中华人民共和国社会保险法》规定，生育保险费由用人单位按照国家规定缴纳，职工不缴纳生育保险费。目前，生育保险费按照不超过职工工资总额的1%的标准由用人单位缴纳。北京市生育保险费率为0.8%。

3. 生育津贴领取流程

符合国家生育政策的参保职工，因流产或分娩休假的人员，可申请生育津贴。申请生育津贴所需的材料如下。

（1）北京市生育服务证（原件和复印件）。

（2）北京市外地来京人员生育服务联系单（原件和复印件）。

（3）北京市工作居住证（原件和复印件）。

（4）北京市生育登记服务单（原件）。

（5）北京市流动人口生育登记服务单（原件）。

（6）医学诊断证明书（原件和复印件）。

（7）婴儿出生证明（原件和复印件）。

（8）结婚证（原件和复印件）。

（9）北京市申领生育津贴人员信息登记表（一式两份）。

（10）因特殊原因，需要携带的其他相关材料。

4. 生育保险报销流程

因怀孕、生育而花费的产检费、接生费、手术费、住院费、药费等都可以通过生育保险进行报销，但支付方式有所不同。

针对怀孕期间的产检费，生育保险基金采取限额支付方式，每次产检费报销限额标准从

330 元至 1 400 元不等。产检费在限额标准之内的，按实际支出报销；产检费超出限额标准的，按限额标准报销。详细的限额标准可咨询当地社会保险机构。

针对住院分娩期间产生的医疗费、住院费、药费等，生育保险基金采取定额支付。以三级医院为例：产妇自然分娩可以定额报销 3 000 元，人工干预分娩可以定额报销 3 300 元；如果产妇采取剖宫产手术，可以报销 4 400 元；如果是双胞胎或多胞胎的情况，每增加一胎，定额支付的标准在原基础上上调 10%。

还有一种支付方式为按项目报销，针对住院分娩过程中出现严重并发症，因此发生的医疗费用及住院的医事服务费，生育保险基金予以全额报销。

> **知识链接：**
>
> 基本医疗保险与生育保险合并建账核算。《关于阶段性降低社会保险费率的通知》（人社部发〔2016〕36 号），明确生育保险和基本医疗保险合并。2019 年 3 月，国务院办公厅下发《关于全面推进生育保险和职工基本医疗保险合并实施的意见》，提出两项保险要统一参保登记，统一基金征缴和管理，合并建账及核算，并明确要求各地在 2019 年年底前实现两项保险合并实施。
>
> 北京市降低基本医疗保险及生育保险缴费比例。《北京市医疗保障局、北京市财政局关于调整本市城镇职工基本医疗保险缴费比例的通知》（京医保发〔2021〕1 号），自 2021 年 1 月起，本市城镇职工基本医疗保险（含生育保险）单位缴费比例降低 1 个百分点，由现行的 10.8%调整至 9.8%；个人缴费比例不做调整。

任务实施

根据以上资料，北京商贸公司社会保险缴费比例总结如表 2-2 所示。

表 2-2 北京商贸公司社会保险缴费比例总结

单位：元

社会保险种类	单位缴费比例	个人缴费比例	缴费基数
基本养老保险	16%	8%	上一年度月平均工资
失业保险	0.5%	0.5%	
工伤保险	0.3%	无	
基本医疗保险、生育保险	9.8%	2%+3 元	

> **知识链接**：2021 年 5 月起，阶段性降低工伤保险费率政策于 2021 年 4 月 30 日到期后，不延续实施。北京商贸公司属于一类行业，在规定缴费比例 0.2%的基础上上调 150%，调整为 0.3%。

1. 基本养老保险计算

北京商贸公司职工基本养老保险明细表如表 2-3 所示。

表 2-3 北京商贸公司职工基本养老保险明细表

单位：元

序号	姓名	基本养老保险缴费基数	基本养老保险单位缴费	基本养老保险个人缴费
1	李云龙	8 163	1 306.08	653.04
2	张大彪	4 200	672	336
3	孔捷	8 600	1 376	688
4	赵刚	9 500	1 520	760
5	楚云飞	18 557	2 969.12	1 484.56
6	刘洁	3 000	480	240

计算过程如下：

（1）李云龙基本养老保险单位缴费=基本养老保险缴费基数（工资总额）×单位缴费比例
=8 163×16%=1 306.08（元）

李云龙基本养老保险个人缴费=基本养老保险缴费基数（工资总额）×个人缴费比例
=8 163×8%=653.04（元）

（2）张大彪基本养老保险单位缴费=4 200×16%=672（元）

张大彪基本养老保险个人缴费=4 200×8%=336（元）

（3）孔捷基本养老保险单位缴费=8 600×16%=1 376（元）

孔捷基本养老保险个人缴费=8 600×8%=688（元）

接下来，请你将赵刚、楚云飞、刘洁的基本养老保险单位及个人缴费金额的计算过程写下来。

2. 失业保险计算

北京商贸公司职工失业保险明细表如表 2-4 所示。

表 2-4 北京商贸公司职工失业保险明细表

单位：元

序号	姓名	失业保险缴费基数	失业保险单位缴费	失业保险个人缴费
1	李云龙	8 163	40.82	40.82
2	张大彪	4 200	21	21
3	孔捷	8 600	43	43
4	赵刚	9 500	47.50	47.50
5	楚云飞	18 557	92.79	92.79
6	刘洁	3 000	15	15

（1）李云龙失业保险单位缴费=失业保险缴费基数（工资总额）×单位缴费比例
=8 163×0.5%≈40.82（元）

李云龙失业保险个人缴费=失业保险缴费基数（工资总额）×个人缴费比例
=8 163×0.5%≈40.82（元）

（2）张大彪失业保险单位缴费=4 200×0.5%=21（元）

张大彪失业保险个人缴费=4 200×0.5%=21（元）

（3）孔捷失业保险单位缴费=8 600×0.5%=43（元）

孔捷失业保险个人缴费=8 600×0.5%=43（元）

接下来，请你将赵刚、楚云飞、刘洁的失业保险单位及个人缴费金额的计算过程写下来。

3. 工伤保险计算

北京商贸公司职工工伤保险明细表如表2-5所示。

表2-5 北京商贸公司职工工伤保险明细表

单位：元

序号	姓名	工伤保险缴费基数	工伤保险单位缴费
1	李云龙	8 163	24.49
2	张大彪	4 200	12.60
3	孔捷	8 600	25.80
4	赵刚	9 500	28.50
5	楚云飞	18 557	55.67
6	刘洁	3 000	9

（1）李云龙工伤保险单位缴费=工伤保险缴费基数（工资总额）×单位缴费比例
=8 163×0.3%≈24.49（元）

（2）张大彪工伤保险单位缴费=4 200×0.3%=12.6（元）

（3）孔捷工伤保险单位缴费=8 600×0.3%=25.8（元）

（4）赵刚工伤保险单位缴费=9 500×0.3%=28.5（元）

（5）楚云飞工伤保险单位缴费=18 557×0.3%≈55.67（元）

（6）刘洁工伤保险单位缴费=3 000×0.3%=9（元）

4. 基本医疗保险、生育保险计算

北京商贸公司职工基本医疗保险、生育保险明细表如表2-6所示。

表2-6 北京商贸公司职工基本医疗保险、生育保险明细表

单位：元

序号	姓名	基本医疗保险、生育保险缴费基数	基本医疗保险、生育保险单位缴费	基本医疗保险、生育保险个人缴费
1	李云龙	8 163	799.97	166.26
2	张大彪	4 200	411.60	87
3	孔捷	8 600	842.80	175
4	赵刚	9 500	931	193
5	楚云飞	18 557	1 818.59	374.14
6	刘洁	3 000	294	63

接下来，请你参照上面的计算过程，将北京商贸公司职工的基本医疗保险和生育保险的计算过程写下来。

思考：基本医疗保险和生育保险合并实施后，是否从此没有生育保险了？

答：合并实施，不等于从此没有生育保险了。生育保险与基本医疗保险相比，有着不同的功能和保障政策。生育保险具有维护女性平等就业权益和女职工劳动保护的独特功能；生育保险费用无须个人缴纳；生育保险待遇除医疗费外，还有生育津贴，这些都是其他险种不能代替的。生育保险作为一项社会保险险种，将继续保留。因此，合并实施不涉及生育保险待遇政策的调整，职工生育期间生育保险待遇也不会变，更不会降低。

根据以上资料将北京商贸公司职工社会保险明细表总结如表2-7所示。

表2-7 北京商贸公司职工社会保险明细表

单位：元

序号	姓名	社会保险缴费基数	基本养老保险单位缴费	基本养老保险个人缴费	失业保险单位缴费	失业保险个人缴费	工伤保险单位缴费	基本医疗保险、生育保险单位缴费	基本医疗保险、生育保险个人缴费
1	李云龙	8 163	1 306.08	653.04	40.82	40.82	24.49	799.97	166.26
2	张大彪	4 200	672	336	21	21	12.60	411.60	87
3	孔捷	8 600	1 376	688	43	43	25.80	842.80	175
4	赵刚	9 500	1 520	760	47.50	47.50	28.50	931	193
5	楚云飞	18 557	2 969.12	1 484.56	92.79	92.79	55.67	1 818.59	374.14
6	刘洁	3 000	480	240	15	15	9	294	63

任务拓展

案例 2-1

根据表 2-1 北京商贸公司员工 2020 年月平均工资表，可计算出所有员工全年工资总额（见表 2-8），假如北京商贸公司设立了企业年金，请计算北京商贸公司 2021 年所有员工企业年金单位及个人应缴纳金额。

表 2-8 北京商贸公司员工 2020 年全年工资总额

单位：元

序号	姓名	部门	全年工资总额
1	李云龙	人力资源部	97 956
2	张大彪	行政部	50 400
3	孔捷	财务部	103 200
4	赵刚	总裁办	114 000
5	楚云飞	销售部	222 684
6	刘洁	后勤部	36 000

【案例分析】

1. 企业年金的定义

企业年金是指企业及其职工在依法参加基本养老保险的基础上，在国家规定的税收优惠等政策和条件下，自愿建立的补充养老保险制度，一般又称为企业补充养老保险，是一种辅助性的养老保险形式。

2. 企业年金的建立原则

国家鼓励建立企业年金，由国家宏观指导、企业内部决策执行，费用由企业和职工个人缴纳，企业缴费在工资总额的 4% 以内的部分可从成本中列支。

3. 企业年金的缴纳

企业年金没有缴费基数只有缴费比例，而缴费比例与职工的工资总额相关。《企业年金办法》规定：企业缴费每年不超过本企业职工工资总额的 8%，企业和职工个人缴费合计不超过本企业职工工资总额的 12%。具体所需费用由企业和职工协商确定。职工个人缴费由企业从职工个人工资中代扣代缴。

【案例解析】

经协商，北京商贸公司企业年金单位缴费比例为 8%，个人缴费比例为 4%，则北京商贸公司员工 2021 年企业年金明细表如表 2-9 所示。

表 2-9　北京商贸公司员工 2021 年企业年金明细表

单位：元

序号	姓名	企业年金缴费基数	企业年金单位缴费	企业年金个人缴费
1	李云龙	97 956	7 836.48	3 918.24
2	张大彪	50 400	4 032	2 016
3	孔捷	103 200	8 256	4 128
4	赵刚	114 000	9 120	4 560
5	楚云飞	222 684	17 814.72	8 907.36
6	刘洁	36 000	2 880	1 440

计算过程如下：

李云龙 2021 年全年企业年金单位缴费=2020 年全年工资总额×单位缴费比例

=97 956×8%=7 836.48（元）

李云龙 2021 年全年企业年金个人缴费=2020 年全年工资总额×个人缴费比例

=97 956×4%=3 918.24（元）

接下来，请你比照表 2-9 试着计算其他五位员工的企业年金单位及个人缴费金额。

任务 2.2　计算员工住房公积金

任务导入

根据表 2-1 计算北京商贸公司所有员工 2021 年 1 月住房公积金单位及个人缴纳金额。

任务分析

一、住房公积金的定义

住房公积金是指国家机关、国有企业、城镇集体企业、外商投资企业、城镇私营企业及其他城镇企业、事业单位、民办非企业单位、社会团体（以下统称单位）及其在职职工缴存的长期住房储金。

二、住房公积金缴存

1. 缴存时间

（1）新设立单位。《住房公积金管理条例》第十四条 新设立的单位应当自设立之日起 30 日内向住房公积金管理中心办理住房公积金缴存登记，并自登记之日起 20 日内，为本单位职工办理住房公积金账户设立手续。

（2）录用职工。《住房公积金管理条例》第十五条 单位录用职工的，应当自录用之日起 30 日内向住房公积金管理中心办理缴存登记，并办理职工住房公积金账户的设立或者转移手续。

2. 缴存基数

职工住房公积金的月缴存额以职工本人上一年度月平均工资为基数。

> **知识链接**：北京住房公积金管理委员会办公室《关于 2021 住房公积金年度住房公积金缴存有关问题的通知》规定，2021 年度住房公积金缴存基数上限为 28 221 元，月缴存基数下限为 2 320 元。

3. 基数调整

住房公积金缴存基数一般是以每年的 7 月 1 日到第二年的 6 月 30 日为一个年度单位进行调整的。所以，大部分单位都会在 6 月份办理完汇缴业务后，为员工调整其住房公积金缴存基数。不过不能随便调，须根据员工上一年度的月平均工资进行调整。公积金缴存是由单位统一办理的，一般只有工资调整后，公积金缴存额度和公积金缴存基数才能进行相应调整。

4. 缴存比例

北京住房公积金管理委员会办公室《关于 2021 年住房公积金年度缴存有关问题的通知》规定，2021 年度住房公积金继续执行 5%～12%的缴存比例政策，缴存单位可根据自身经济情况在规定范围内自主确定缴存比例。

5. 月缴存额

单位为职工缴存的住房公积金的月缴存额为职工本人上一年度月平均工资乘单位住房公积金缴存比例。

6. 住房公积金开户流程

国家机关、国有企业、城镇集体企业、外商投资企业、城镇私营企业及其他城镇企业、事业单位、民办非企业单位、社会团体按照企业工商注册地或办公地原则，到住房公积金管理中心所属管理部办理住房公积金的单位登记开户手续。北京市办理住房公积金开户所需的材料如表 2-10 所示。

表 2-10 北京市办理住房公积金开户所需的材料

业务办理	提交材料	规格	需填写材料	备注
网上注册单位登记开户	单位网上办理住房公积金登记开户申请表	原件		通过管理中心网站登记基础信息、委托收款银行信息。经办人填报后,自动生成。打印后加盖单位公章,法人签字
	经办人本人身份证	原件及复印件		
	法定代表人身份证	复印件		
	载有统一信用代码的单位证件	原件		
柜台办理单位登记开户	经办人本人身份证	原件及复印件	单位柜台办理住房公积金登记开户申请表	加盖单位公章,法人签字
	法定代表人身份证	复印件		
	载有统一信用代码的单位证件	原件		

7. 缴存申报渠道

(1)通过北京市人力资源和社会保障局网申报"五险一金"年度缴费基数,实现一次性办理。

(2)通过住房公积金单位网上业务平台办理。

(3)通过委托银行收款、转账支票、银行汇款及现金四种方式缴存住房公积金,可根据自身情况任意选择。推荐使用委托银行收款方式缴存。

思考:停薪留职的职工要不要缴存住房公积金?

分析:职工停薪留职期间,单位不再为其缴存住房公积金。职工申请在停薪留职期间缴存住房公积金的,由职工本人自行出资缴存。缴存的工资基数为该职工停薪留职上一年度的月平均工资。职工恢复在职工作并重新领取工资后,单位继续为其缴存住房公积金,但停薪留职期间的住房公积金单位不需补缴。

任务实施

已知:北京商贸公司住房公积金单位及个人缴存比例均为12%,则北京商贸公司职工2021年住房公积金缴存明细表1如表2-11所示。

表 2-11 北京商贸公司职工 2021 年住房公积金缴存明细表 1

单位：元

序号	姓名	住房公积金缴费基数	住房公积金单位缴费	住房公积金个人缴费
1	李云龙	8 163	979.56	979.56
2	张大彪	4 200		
3	孔捷	8 600		
4	赵刚	9 500		
5	楚云飞	18 557		
6	刘洁	3 000		

计算过程如下：

李云龙住房公积金单位缴存=住房公积金缴费基数（上一年度月平均工资）×单位缴存比例
=8 163×12%=979.56（元）

李云龙住房公积金个人缴存=住房公积金缴费基数（上一年度月平均工资）×个人缴存比例
=8 163×12%=979.56（元）

接下来，请你计算剩下五位员工的住房公积金单位及个人缴费金额，并将表 2-11 填写完整，结果如表 2-12 所示。

表 2-12 北京商贸公司职工 2021 年住房公积金明细表 2

单位：元

序号	姓名	住房公积金缴费基数	住房公积金单位缴费	住房公积金个人缴费
1	李云龙	8 163	979.56	979.56
2	张大彪	4 200	504	504
3	孔捷	8 600	1 032	1 032
4	赵刚	9 500	1 140	1 140
5	楚云飞	18 557	2 226.84	2 226.84
6	刘洁	3 000	360	360

任务拓展

案例 2-2

北京商贸公司职工刘洁想要提取住房公积金，那么她在满足什么条件下可以提取住房公积金？

【案例解析】

《住房公积金管理条例》第二十四条 职工有下列情形之一的，可以提取职工住房公积金账户内的存储余额：

（一）购买、建造、翻建、大修自住住房的；

（二）离休、退休的；

（三）完全丧失劳动能力，并与单位终止劳动关系的；

（四）出境定居的；

（五）偿还购房贷款本息的；

（六）房租超出家庭工资收入的规定比例的。

案例2-3

根据表 2-12，北京商贸公司职工赵刚最近打算在北京购买首套住房，总价为 5 200 000 元，面积 89 平方米，赵刚首付付了 40% 的房款，还剩 3 120 000 元赵刚想用公积金贷款。赵刚如今 35 岁，上班 10 年，如果按住房公积金账户余额来计算，他可以用公积金贷款的金额和年份是多少呢？

【案例分析】

1. 公积金贷款的年限

住房公积金贷款的最高年限为 30 年。借款人的年龄与申请贷款期限之和原则上不得超过其法定退休年龄后 5 年，即男职工可贷到 65 岁，女职工可贷到 60 岁。

2. 公积金贷款的金额

按照住房公积金账户余额计算的最高可贷额度：（公积金账户余额+公积金月缴存额×2×至法定退休月数）×2。

【案例解析】

（1）贷款年限：赵刚今年 35 岁，可贷到 65 岁，因此赵刚的贷款年限为 30 年。

（2）赵刚住房公积金账户余额：（1 140+1 140）×12×10=273 600（元）

赵刚可用住房公积金贷款金额：（273 600+1 140×2×300）×2=1 915 200（元）

项目 3

计算员工的考勤工资

> **知识目标**：理解企业各类考勤休假表的内容及含义；了解缺勤的种类和缺勤天数及相关规定；理解企业出勤天数规定；理解企业考勤工资的计算方法。
>
> **能力目标**：能够正确根据相关法律法规要求核算员工出勤与休假天数，能够结合企业实际编制企业考勤休假表；能够正确计算企业员工的考勤工资。
>
> **情感目标**：通过学习考勤表的制作，熟悉和了解企业的组织纪律要求，树立时间观念和组织纪律观念，爱岗敬业；通过学习考勤工资计算相关法规，在全面了解法规公平公正的同时，学会用法律法规维护个人权益。

任务 3.1 编制公司考勤表

任务导入

2021年10月8日，国庆节假期结束后第一天上班。快到中午时，人力资源部主任拿着一叠材料找到小明说："小明，这是各部门上交的9月份考勤休假表，你帮忙审核一下，尽快汇总，计算9月份工资等着用。"小明点头并接过材料，开始查看各部门的考勤休假表，整理信息如下：

李云龙，人力资源部，年休假5天，6—10日；加班2天，4日、26日，实际出勤19天。

张大彪，行政部，婚假3天，22—24日，实际出勤19天。

孔捷，财务部，加班2天，4日、21日（中秋节），实际出勤24天。

赵刚，总裁办，两年一次的探亲假（配偶）9月份整个月（含往返路程），实际出勤0天。

楚云飞，销售部，加班4天，4日、19—21日，实际出勤26天。

刘洁，后勤部，事假4天，16—22日（中间含中秋节），实际出勤18天。

请根据以上信息，分析小明应审核的考勤休假表，并编制该公司9月份的考勤汇总表。

任务分析

一、与考勤管理相关的规定

考勤管理规定中的关键内容包括对满勤天数（也称应出勤天数）的规定，对考勤打卡的规定，对加班补休操作方式的规定，对各类请假事件和操作方式的规定，对迟到、早退、旷工等异常考勤的相关规定和处理方法，以及对员工外出和出差的相关规定。

1. 满勤天数的规定

月度满勤天数用于计算每月的工资。采取标准工时制的用人单位月度满勤天数的计算公式如下：

月度满勤天数=本月总天数-周六周日休假天数-法定休假日休假天数

我国现行法定年节假日标准为 11 天和部分公民放假的节日及纪念日，如儿童节、建军节等。此外，少数民族的节日由各少数民族聚居地区的地方人民政府按照该民族习惯，规定放假日期。

拓展链接 4：全体公民放假的节日、部分公民放假节日及纪念日。

全年满勤天数通常用于计算年终奖金、绩效考核分数。采取标准工时制的用人单位全年满勤天数的计算公式如下：

全年满勤天数=∑（月度满勤天数）。

当然，用人单位有时候考虑到员工生活和工作的平衡，会给员工一定的出勤弹性，允许员工一年内有一定天数的事假。例如，某公司某年度正常的满勤天数为 250 天，该公司实际规定的满勤天数为 230 天。

采取综合工时制或不定时工时制的用人单位，其满勤时间在一定周期范围内可以根据标准工时制推算得出。

2. 员工请假的相关规定

公司的休假类型分为公休假、法定节假日休假、年休假、探亲假、婚假、丧假、事假、病假、产假、流产假、工伤假。除公休假、法定节假日休假外，在其余时间休假的员工必须填写请假单。

请假单原则上须在休假前填写，如遇特殊情况，必须在上班前以电话或短信的形式通知部门负责人。部门负责人明确表示同意后，由部门负责人指派人员代办请假手续。无请假单又无出勤的，视为旷工。请假单模板如表 3-1 所示。

表 3-1 请假单模板

请假人			工号	
请假类型	□事假　□婚假　□年休假　□探亲假 □丧假　□病假　□产假　□流产假			
请假时间				
请假理由				
审批意见				
直属领导	部门负责人		分管副总	总经理

年休假、探亲假、病假、婚假、产假、丧假等按照因家相关的法律法规执行。在国家相关法律法规规定范围内的年休假、探亲假、婚假、产假、丧假等休假天数视同出勤。正常的年休假、探亲假、婚假、产假、丧假等假满结束后需要继续休假的，视同事假管理。

员工请病假、婚假等假之前，必须及时提交相关的请假证明。例如，在请婚假前，必须向人力资源部提供结婚证；员工请病假，必须提供正规医院开具的病历和诊断证明。无相关证据者，按事假处理。

对事假天数的审批应遵循公司的权限指引。例如，某公司规定：主管级有权审批 7 天以内的事假；经理级有权审批 14 天以内的事假；总监级有权审批 30 天以内的事假；副总经理级有权审批 60 天以内的事假；60 天以外的事假，必须由总经理审批。

需注意，对于为避免审批权限的限制连续多次请假的事件应严肃处理，或者在制定考勤管理制度时，直接规定当出现一段时期内的连续请假时，必须根据公司的权限指引履行请假手续。

3. 加班补休的相关规定

员工加班前，必须提前填写加班申请单，注明加班的原因、内容、工作量、加班时长等，由本部门负责人据此在第二天审核工作完成情况、工作量和加班时长是否属实。加班申请单模板如表 3-2 所示。

表 3-2 加班申请单模板

姓名			工号	
加班时间				
加班原因				
加班费用需求				
审批意见				
直属领导	部门负责人		人力资源部	分管副总

加班申请单应汇总至考勤管理员处，按月报送至人力资源部。加班申请单是人力资源部

唯一承认的加班凭证，当天的加班申请单提前或当天填写。在法定休假日加班或因特殊情况加班过程中出现人员变动的，后补的申请单必须在法定休假日结束后的几个工作日（公司自己规定）内上交人力资源部，逾期则申请无效。

公司可以采用补休的方式补偿员工。员工补休前应提前填写补休申请单，并经直属上级批准签字后，由各部门负责人根据部门实际情况安排补休。补休申请单模板如表3-3所示。

表3-3　补休申请单模板

姓名		工号	
补休加班时间段			
补休时间			
审批意见			
直属领导	部门负责人	人力资源部	分管副总

补休后，负责考勤的管理员应在加班申请单上标明"已补休"。不补休的，以加班工资的方式补偿员工。

二、实施考勤管理

人力资源部实施考勤管理工作的关键内容包括考勤管理前的准备工作、考勤记录与汇总方法、考勤核算与发薪时间及对考勤管理者的监督等。

1. 考勤管理前的准备工作

在实施考勤管理工作之前，人力资源部需要充分做好前期的准备工作，主要包括以下几点。

（1）根据企业自身情况，制定适合企业的考勤管理制度。

（2）根据考勤管理制度的规定，设计与企业员工相关的打卡考勤制度，并购买打卡机等设备。

（3）调试和设置打卡机，在正式使用前要先试运行一段时间。

（4）在打卡机中录入员工的相关信息，并核对检查。

（5）根据工种和上班制度不同，设置各工种打卡机的上下班打卡时间。

（6）如果有员工入职或离职的情况，及时调整打卡机中的信息。

（7）对全体员工进行培训，传达考勤管理制度的流程和内容。

（8）在每个部门设置考勤管理者，包括人力资源部。

（9）对各部门的考勤管理者实施培训。

2. 考勤记录与汇总方法

对于没有条件实施打卡考勤制度的企业，需要由专人对员工上下班的时间进行真实的记录。同时，要保留原始记录的凭证。

对于实施打卡考勤制度的企业，应保证每位员工拥有唯一的 ID。在员工打卡考勤的过程中，考勤管理者需要注意以下事项。

（1）是否存在员工迟到后故意不打卡的情况。

（2）打卡机是否出现错误，存在员工实际打卡但不记录数据的情况。

（3）对于采用卡片或芯片打卡的打卡机，是否存在代打卡的现象。

（4）对于实行人脸识别的打卡机，是否存在人脸误判的情况。

（5）是否存在员工本人正常打卡，但打完卡后实际缺岗的情况。

每月月底，考勤管理者将打卡机的数据导出，合并、统计、校对核准后打印，找员工签字确认。每月经员工核准后的考勤资料等原始记录凭证是计算公司员工出勤天数的重要依据。员工出勤情况统计表如表 3-4 所示。

表 3-4 员工出勤情况统计表

工号	姓名	应出勤天数	加班天数	迟到早退次数	事假天数	婚假天数	丧假天数	探亲假天数	病假天数	工伤假天数	产假天数	旷工天数	实际出勤天数

其中，应出勤天数一般为某段时期的总天数减法定节假日和公休日的天数。对于有特殊经营需求的企业，应出勤天数为在合法合规的前提下，本企业与劳动者约定的某段时期内应当出勤的天数。

加班天数为该段时期除应出勤天数外，加班时间换算成天数的总和。

迟到早退次数为该段时期内，员工单次迟到和早退情况的累计。对迟到和早退有不同处置的企业，可分列。

人力资源部每月应将考勤记录以部门为单位整理归档，并妥善保存。有档案室的企业可以放到档案室统一保存。一般情况下，考勤材料的保存年限应至少达到 3 年。有条件的企业应保存更久的时间，以防范劳动纠纷风险。

3. 考勤核算与发薪时间

因公司具体情况不同，其考勤核算与发薪时间也会略有不同。考勤核算与发薪时间安排如表 3-5 所示。

表 3-5 考勤核算与发薪时间安排

时间段	工作内容
每月底最后一天	各部门开始统计汇总出勤情况，核查考勤问题
次月 3 日前	各部门将经核准后员工签字的考勤原始记录报人力资源部

续表

时间段	工作内容
次月 5 日前	人力资源部实施考勤的核查或抽查工作
次月 8 日前	人力资源部完成薪酬核算并报财务部审查
次月 10 日前	财务部完成薪酬审查工作后发放工资
次月 12 日前	人力资源部将所有的考勤和薪酬文件存档

具体需要注意以下事项。

（1）考勤表一定要员工本人签字确认，不可以不签字，也不可以由他人代签。

（2）各部门统计出勤情况时，应做到真实、全面。

（3）发现考勤的异常问题应随时上报，不需要等到月底。

（4）考勤管理者对考勤的核对应放在平时的日常工作中，月底做最终的核准。

（5）人力资源部对考勤的核准是检查和抽查，而不是核对。

4. 对考勤管理者的监督

考勤统计和管理者对每月考勤的整理汇总要满足及时性和有效性。人力资源部要严格把关，按照考勤管理制度对员工考勤进行复核，严格按照上月考勤情况核算工资，确保薪酬核算的严肃性、真实性、准确性。

考勤管理者的主要职责包括以下几项。

（1）认真学习、严格遵守并执行公司的考勤管理制度。

（2）考勤管理者应以身作则，先要自己遵守规则。

（3）应在上班之前和过程中对所负责员工的出勤情况进行检查。

（4）对考勤内容本着实事求是的原则，如实反映员工的考勤状况。

（5）每月、每季度、每年定期汇总部门的出勤情况，报人力资源部存档。

（6）认真做好日常加班、值班情况的统计和上报工作。

（7）有违反规定的情况及时上报，并落实惩罚规则。

考勤管理者因病或因事的休假除经分管领导审批外，还需要人力资源部负责人审批，考勤管理者休假前要做好考勤管理的移交工作。

分公司的考勤管理者由分公司人力资源部经理、分公司负责人及总部考勤管理者共同监督。如果发现弄虚作假、谎报瞒报的情况，应立即上报并严肃处理。

有考勤管理者不遵守考勤管理制度、不客观真实反映考勤情况的，属于违反公司劳动纪律的严重违规行为，公司有权解除劳动关系并不支付任何经济补偿，给公司造成的经济损失，公司保留追究相应法律责任的权利。

任务实施

第一步：计算 2021 年 9 月的应出勤天数，日历如图 3-1 所示。

图 3-1　2021 年 9 月日历

根据上面日历，计算应出勤天数为 22 天。

第二步：查询国家及公司关于年休假、探亲假、事假、加班的相关规定，并按照规定审核员工休假的证明是否符合要求，核定各种休假的种类和天数。

1. 审核员工的请假单

（1）视同出勤类的请假单有 3 张：即李云龙年休假请假单 1 张（9 月 6—10 日）、张大彪婚假请假单 1 张（9 月 22—24 日）、赵刚探亲假请假单 1 张（9 月整月）。

这类请假单要严格根据公司的相关规定审核，一是重点审核请假日期和销假日期是否符合逻辑，相关领导签字和时间是否齐全、真实等；二是审核李云龙的工作年限是否符合享受的年休假相关规定；三是审核赵刚妻子的工作地点是否符合探亲假请假相关规定。

如以上三人的请假单都符合相关规定，则视同出勤；如不符合规定，需要请示领导做进一步处理。

（2）事假请假单 1 张：刘洁事假请假单一张。重点审核请假日期和销假日期是否符合逻辑，相关领导签字和时间是否齐全、真实等。

2. 审核加班申请单

本案例中，共有加班申请单 6 张，即李云龙 2 张（9 月 4 日、9 月 26 日）、孔捷 2 张（9 月 4 日、9 月 21 日）、楚云飞 2 张（9 月 4 日、9 月 19—21 日）。重点审核申请日期和各级领导签字和时间等是否齐全、真实。如都符合视为加班。

假定经审核，以上的各类请假单和加班申请单都符合国家和公司的相关规定，则 9 月公司员工的实际出勤情况分别如下。

李云龙，实际出勤天数 19 天，年休假 5 天，加班 2 天。

张大彪，实际出勤天数 19 天，婚假 3 天。

孔捷，实际出勤天数 24 天，加班 2 天。

赵刚，实际出勤天数 0 天，探亲假 30 天。

楚云飞，实际出勤 26 天，加班 4 天。

刘洁，实际出勤 18 天，事假 4 天。

第三步：根据相关信息进行编制考勤汇总表（见表 3-6）。

表 3-6　公司 9 月份考勤汇总表

姓名	应出勤天数	加班天数	迟到早退次数	事假天数	年休假天数	婚丧假天数	探亲假天数	病假天数	工伤假天数	产假天数	旷工天数	实际出勤天数	备注
李云龙	22	2（休息日）			5							19	
张大彪	22					3						19	
孔捷	22	2（休息日1天、中秋节1天）										24	
赵刚	22						30					0	配偶
楚云飞	22	4（休息日3天、中秋节1天）										26	
刘洁	22			4								18	

任务拓展

案例 3-1

某公司上午的工作时间为 8:00—12:00，下午的工作时间为 13:30—17:00。王某上午 7:45 打卡上班。上午下班没有打卡，且无任何说明单据或请假条，下午 13：20 打卡上班，17:05 打卡下班，按照考勤管理规定，王某上午是否视为出勤。

【案例分析】

1. 部门考勤打卡统计

对于实施人工手写考勤的公司，考勤的原始记录采用考勤表的形式。为此作为公司具体部门的考勤员进行部门考勤汇总时必须使用碳素笔记录，如出现笔误，不允许涂改，只允许划改，并在划改处由记录人员签字。下级的考勤表，必须由直接上级或直接上级指派的专人进行记录。

对于安装打卡机、实行打卡考勤制度或使用手机智能打卡制的公司，公司所有员工上下班应全部打卡。除公休日和法定节假日外，未按时打卡且无有效未打卡事项说明者，可视为缺勤。

未打卡事项说明模板如表3-7所示。

表3-7 未打卡事项说明模板

姓名			工号	
未打卡时间	年　　月　　日			
未打卡原因				
审批意见	直属领导		部门负责人	人力资源部

上午班和下午班分开管理的公司，可以规定一天打卡4次（上午上班、上午下班、下午上班、下午下班）。规定一天打卡4次的公司，上下班2次打卡间为一个时间段。任意一次未打卡，且无有效未打卡事项说明者，可视为该时间段内未出勤。

确实因为某种原因不能按时打卡的员工，必须填写未打卡事项说明，并详细注明未打卡原因及未打卡时间，由相关领导逐级签批。所有的未打卡事项说明与考勤表于每月固定时间前汇总至考勤管理员处。

凡无确凿证据证明是工作原因导致未打卡，或者未打卡事项说明描述原因不符合工作原因的要求或含糊不清的，一律视为缺勤，这样的未打卡事项说明即使有领导签批也应视为无效。同时，对签批此类未打卡事项说明的领导也应给予批评。

如果打卡机损坏导致无法打卡，应在第一时间通知打卡机的管理者。打卡机维修期间，所有考勤采用人工手写考勤的形式。

2. 与员工外出相关的规定

员工短期外出办事，应填写外出人员登记表，记录外出的日期、外出的事由、外出的具体时间段，由直属领导签字同意后方可执行。外出返回后，需由考勤管理者确认。员工外出办事须妥善安排时间，事毕即回公司。因公务不能按登记返回时间回公司打卡者，须向直属领导请示，并通知考勤管理员或人力资源部，否则以其登记的应返回时间为准，超出一定的时间分别按早退或旷工处理。外出人员登记表如表3-8所示。

表 3-8 外出人员登记表

日期	工号	姓名	外出事由	外出时间	预计返回时间	实际返回时间	直属领导签批	考勤管理员核准

3. 与员工出差相关的规定

员工因工作需要出差的，必须提前填写出差申请单，填写清楚出差事由、出差地点、起止日期、预计费用等，并遵循公司的权限指引逐级审批。例如，总监及以下级别人员出差，需上级领导审批；总监及总监以上级别人员出差，除需上级领导审批外，还需要总经理审批；到国外出差的人员，全部由总经理审批。出差申请单模板如表 3-9 所示。

表 3-9 出差申请单模板

出差人		工号	
出差事由			
出差地点			
行程安排			
起止日期			
预计费用			
交通费	住宿费	伙食费	其他费用
审批意见			
直属领导	部门负责人	分管副总	总经理

出差申请单是核对考勤的要件，也可以作为出差报销结算的必备附件。若出现紧急状况，未能提前履行出差审批手续的，员工出差前可以电话或短信的方式向相关领导请示，请他人代办手续。出差人员无法在预定期限返回的，必须向相关领导申请，请他人代办手续。

出差审批程序的规范性直接关系到员工考勤。因此，对待出差的审批流程一定要严肃认真。未履行出差审批程序私自出差的，应按旷工处理。

【案例解析】

案例中，公司为上午班和下午班分开管理的公司，一天需要打卡 4 次，即上午上班、上午下班、下午上班、下午下班。王某上午没有下班打卡记录，且无任何说明单据或请假条，如外勤或出差申请单等，因此视为上午缺勤。

任务 3.2　计算考勤工资

任务导入

请根据表 3-6、表 3-10 计算公司各员工 9 月份应发工资。

表 3-10　员工的月标准工资　　　　　　　　　　　　　　　单位：元

姓名	部门	基本工资	工龄工资	岗位工资
李云龙	人力资源部	6 000	500	1 500
张大彪	行政部	6 000	200	1 400
孔捷	财务部	6 000	200	1 000
赵刚	总裁办	8 000	300	1 150
楚云飞	销售部	5 000	200	5 000
刘洁	后勤部	3 000	200	1 000

任务分析

工资计算是根据法律法规和劳动合同的约定，在一定时期内对劳动者劳动成果对应的劳动报酬货币金额的计算过程。日常工作中常用到的工资核算方法包括计时工资的计算、计件工资的计算、各类假期工资的计算、加班工资的计算等。

一、月薪制的计时工资

> **知识链接**：《工资支付暂行规定》规定："工资至少每月支付一次，实行周、日、小时工资制的可按周、日、小时支付工资。"

当采用月薪制的计时工资时，一般有两种计算方法，一是按缺勤日扣减发放工资；二是按出勤日计算发放工资，其计算公式分别如下。

按缺勤日扣减发放工资：

应发工资（计扣）=月标准工资-月标准工资换算的日工资×缺勤天数+其他工资加项

按出勤日计算发工资：

应发工资（计发）=月标准工资换算的日工资×出勤天数+其他工资加项

1. 月标准工资

月标准工资是指经考核后员工当月应得的收入总额，通常是指基本工资、岗位工资、职务工资和各类现金补贴等每月固定收入之和，不含绩效工资、奖金等变动收入。

2. 日工资

$$日工资=月标准工资÷月计薪天数$$

这里的月计薪天数可以是当月计薪天数，也可以是制度计薪天数。

当月计薪天数是指当月按照国家规定应出勤的天数（含 11 天法定节假日）。

$$当月计薪天数=当月工作日天数+法定节假日天数$$

制度计薪天数是对劳动者每月领取工资天数的折算，由年计薪天数（含 11 天法定节假日）除以 12 个月得来。

$$制度计薪天数=（365-104）÷12=21.75（天）$$

21.75 天一般用在日工资和小时工资的折算中，如病假、事假、加班等情形涉及日工资，通过月标准工资除以月计薪天数就可以折算出劳动者的日工资或小时工资。企业可以按月标准工资除以制度计薪天数 21.75 天计算日工资。但是，日工资按月工资除以制度计薪天数 21.75 天计算时，"做加法"或"做减法"的计算结果不同。

例如，老李 2016 年 1 月月标准工资是 2 175 元，无其他工资加项。他的日工资是 100 元（2 175÷21.75）。2016 年 1 月，日历天数 31 天，其中法定节假日 1 天，休息日 10 天，工作日 20 天，他请了 5 天事假。

如果按照老李的出勤天数计算，

其应发工资=月标准工资换算的日工资×出勤天数+其他工资加项

=日工资×（实际工作日+法定节假日）

=100×（15+1）

=1 600（元）

如果按照老李缺勤的天数计算，

其应发工资=月标准工资－月标准工资换算的日工资×缺勤天数+其他工资加项

=月标准工资－日工资×事假天数

=2 175-100×5

=1 675（元）

为什么会有以上差别呢？道理很简单：没有一个月的计薪天数正好是 21.75 天。因此，采用 21.75 天作为月计薪天数不仅计算结果不同，有时还很不合理。例如，某职工 2016 年 1 月月标准工资 2 175 元，日工资 100 元，当月计薪天数是 23 天，他只正常出勤 1 天，其他 22 天都在请事假，请事假可以不发工资。如果"做加法"，该职工做 1 天发 1 天工资，应发他 100 元。但是如果"做减法"，就是请 1 天扣 1 天工资，应扣他 2 200 元，而他的全月工资只有 2 175 元。

其实，为避免出现以上情况，还有一种办法就是用月标准工资除以当月计薪天数。在上面例子中，老李 2016 年 1 月日工资为 103.57 元（2 175÷21）。这样他请假当月工资计发或计扣，计算结果应是一样的，相对比较合理。当然一年下来实际上是差不多的，但是单位的规章制度应当明确统一操作办法，不能"忽左忽右"，否则就不公平了。

需要注意的是，一般情况下，在计算加班的日工资时，还是应除以 21.75 天，因为加班费日工资是一年统算的，应包含 11 天法定节假日。而计算病假、事假和缺勤未满勤的日工资，既可以除以制度计薪天数 21.75 天，也可以除以当月计薪天数。

二、病、事假工资计算方法

1. 关于病假工资的计算

根据《劳动部关于贯彻执行〈中华人民共和国劳动法〉若干问题的意见》（劳部发〔1995〕309 号）第 59 条的规定，职工患病或非因工负伤治疗期间，在规定的医疗期间内由企业按有关规定支付其病假工资或疾病救济费，病假工资或疾病救济费可以低于当地最低工资标准支付，但不能低于最低工资标准的 80%。

职工疾病或非因工负伤的病假工资=（计算基数/月计薪天数）×计算系数×病假天数

关于病假工资的具体计算方法，不同省市有单独规定的，按照各省市具体规定执行。

> **知识链接：**
> 《企业职工患病或非因工负伤医疗期规定》第三条　企业职工因患病或非因工负伤，需要停止工作医疗时，根据本人实际参加工作年限和在本单位工作年限，给予三个月到二十四个月的医疗期：
> （一）实际工作年限十年以下的，在本单位工作年限五年以下的为三个月；五年以上的为六个月。
> （二）实际工作年限十年以上的，在本单位工作年限五年以下的为六个月；五年以上十年以下的为九个月；十年以上十五年以下的为十二个月；十五年以上二十年以下的为十八个月；二十年以上的为二十四个月。

职工病假期间遇有国家法定节日（元旦、春节、劳动节、国庆节等）和公休假（星期六、日）时，应算作病假期间。

2. 关于事假工资的计算

事假不属于法定的带薪休假。事假一般是以小时或天为计算单位的。关于事假期间员工的待遇，法律和法规没有明确规定，通常是企业和员工签订劳动合同时在合同中约定，或者在企业的规章制度中做出明确规定。

对于实行标准工时制的企业来说，当月事假应减工资的计算公式如下：

当月事假应减工资=（月标准工资÷当月应出勤天数）×事假天数

员工请事假不仅会影响员工的收入，还会影响企业的正常生产，因此员工请事假需注意以下事项。

（1）如果员工请事假时间较长，企业发放的工资可以低于最低工资标准。最低工资标准是指员工提供了正常劳动、企业支付的工资不得低于的工资标准。但是，员工在事假期间没有提供劳动，所以工资可以低于最低工资标准。

（2）对于员工任何类型的事假，企业并不是都要批。员工的事假企业是否批准、批准多少天，关键看企业内部合法合规的规章制度或与员工签订的劳动合同是否有关于事假的相关规定。若企业已明确规定事假的最长期限和频率，员工应当遵守。

（3）员工请事假必须按照企业的规定。企业的规章制度应当对员工如何请事假有清晰明确的规定。员工请事假必须按照企业规定的流程，不按照企业规定流程请假的，可视该事假无效，按照旷工处置。

三、视同出勤的休假工资计算方法

1. 婚丧假工资计算方法

根据相关规定，劳动者在法定休假日和婚丧假期间及依法参加社会活动期间，用人单位应当依法支付工资。当月休婚丧假等非常规假期也应视为出勤。

在批准的婚丧假和路程假期间，职工的工资照发，途中的车船费等全部由职工自理。所以，在职工正常休婚丧假期间，单位应将其视为出勤，正常计算工资。对于超出法定婚丧假时间标准的假期，单位一般应按照事假计算工资。

> **知识链接：**
>
> 根据《中华人民共和国婚姻法》的规定：按法定结婚年龄（女20周岁，男22周岁）结婚的，可享受3天婚假。结婚时男女双方不在一地工作的，可视路程远近，另给予路程假。
>
> 《关于国营企业职工请婚丧假和路程假问题的通知》规定：职工本人结婚或职工的直系亲属（父母、配偶和子女）死亡时，可以根据具体情况，由本单位行政领导批准，酌情给予一至三天的婚丧假。职工结婚时双方不在一地工作的，职工在外地的直系亲属死亡时需要职工本人去外地料理丧事的，都可以根据路程远近，另给予路程假。

2. 探亲假工资计算方法

职工正常休探亲假和路程假期间，单位应将其视为出勤，正常计算工资。对于超出法定探亲假时间标准的假期，单位一般应按照事假计算工资。

> **知识链接：**
>
> 《国务院关于职工探亲待遇的规定》
>
> 第二条 凡在国家机关、人民团体和全民所有制企业、事业单位工作满一年的固定职工，与配偶不住在一起，又不能在公休假日团聚的，可以享受本规定探望配偶的待遇；与父亲、母亲都不住在一起，又不能在公休假日团聚的，可以享受本规定探望父母待遇。但是，职工与父亲或与母亲一方能够在公休假日团聚的，不能享受本规定探望父母的待遇。
>
> 第三条 职工探亲假期：
>
> （一）职工探望配偶的，每年给予一方探亲假一次，假期为30天。
>
> （二）未婚职工探望父母，原则上每年给假一次，假期为20天。如果因为工作需要，本单位当年不能给予假期，或者职工自愿两年探亲一次的，可以两年给假一次，假期为45天。
>
> （三）已婚职工探望父母的，每四年给假一次，假期为20天。
>
> 探亲假期是指职工与配偶、父、母团聚的时间，另外，根据实际需要给予路程假。上述假期均包括公休假日和法定节日在内。
>
> 第四条 凡实行休假制度的职工（例如学校的教职工），应该在休假期间探亲；如果休假期较短，可由本单位适当安排，补足其探亲假的天数。
>
> 第五条 职工在规定的探亲假期和路程假期内，按照本人的标准工资发给工资。

3. 年休假工资计算方法

根据《职工带薪年休假条例》的相关规定，职工连续工作1年以上的，享受带薪年休假，在年休假期间享受与正常工作期间相同的工资收入。劳动者在请求年休假得到了批准后，公司需支付劳动者在休假期间的工资报酬。

单位却因工作需要不能安排职工年休假的，经职工本人同意，可以不安排职工年休假。对职工应休未休的年休假天数，单位应当按照该职工日工资收入的300%支付年休假工资报酬。国家法定节假日、公休日不计入年休假的假期。

> **知识链接：**
>
> 根据《职工带薪年休假条例》（国务院令第54号）第三条 职工累计工作已满1年不满10年的，年休假5天；已满10年不满20年的，年休假10天；已满20年的，年休假15天。
>
> 第四条 职工有下列情形之一的，不享受当年的年休假：
>
> （一）职工依法享受寒暑假，其休假天数多于年休假天数的；

（二）职工请事假累计 20 天以上且单位按照规定不扣工资的；

（三）累计工作满 1 年不满 10 年的职工，请病假累计 2 个月以上的；

（四）累计工作满 10 年不满 20 年的职工，请病假累计 3 个月以上的；

（五）累计工作满 20 年以上的职工，请病假累计 4 个月以上的。

4. 产假工资计算方法

根据《女职工劳动保护特别规定》，女职工产假期间的生育津贴，对已经参加生育保险的，按照用人单位上一年度职工月平均工资的标准由生育保险基金支付；对未参加生育保险的，按照女职工产假前工资的标准由用人单位支付。如果员工的产假工资高于生育津贴，那就按产假工资发给员工，生育津贴就归用人单位。如果员工的产假工资低于生育津贴，那可以先按产假工资发给员工，然后生育津贴下来，将与产假工资的差额补给员工，剩下的还是归用人单位。

女职工生育或者流产的医疗费用，按照生育保险规定的项目和标准，对已经参加生育保险的，由生育保险基金支付；对未参加生育保险的，由用人单位支付。

所以，产假是带薪休假。在不违反《女职工劳动保护特别规定》的前提下，各企业可以根据所在地区的规定和本企业的制度给女职工发放相应的产假工资。对于超出法定产假时间标准的假期，单位一般应按照事假计算工资。

> **知识链接：**
>
> 《女职工劳动保护特别规定》第七条　女职工生育享受 98 天产假，其中产前可以休假 15 天；难产的，应增加产假 15 天；生育多胞胎的，每多生育 1 个婴儿，可增加产假 15 天。
>
> 除此之外，有些地方政府推出延长产假的政策，有的会额外增加 30 天，所以有的地方是 128 天，还有的地方是 158 天。
>
> 目前，全国有 25 个省陆续将产假延长至了 128~158 天，广东、甘肃、黑龙江、海南及河南产假接近半年，西藏甚至可休 1 年，所以产假时间要根据当地的政策来看。

四、加班工资计算方法

> **知识链接：**
>
> 《中华人民共和国劳动法》第四十四条　有下列情形之一的，用人单位应当按照下列标准支付高于劳动者正常工作时间工资的工资报酬：
>
> （一）安排劳动者延长工作时间的，支付不低于工资的百分之一百五十的工资报酬；

> （二）休息日安排劳动者工作又不能安排补休的，支付不低于工资的百分之二百的工资报酬；
>
> （三）法定休假日安排劳动者工作的，支付不低于工资的百分之三百的工资报酬。

1. **标准工时制加班工资计算方法**

实行标准工时制的企业计算加班工资的公式如下：

$$工作日加班工资 = 月标准工资 \div 21.75 \div 8 \times 150\% \times 加班小时数$$

$$双休日加班工资 = 月标准工资 \div 21.75 \div 8 \times 200\% \times 加班小时数$$

$$法定休假日加班工资 = 月标准工资 \div 21.75 \div 8 \times 300\% \times 加班小时数$$

2. **计件工资制加班工资计算方法**

实行计件工资制时，劳动者在完成计件定额任务后，由企业安排延长工作时间的，同样应享受加班工资。例如，根据《上海市企业工资支付办法》的规定，企业依法安排实行计件工资制的劳动者完成计件定额任务后，在法定标准工作时间以外工作的，应当根据工作日150%、双休日200%、法定休假日300%的原则相应调整计件单价。

实行计件工资制的企业计算加班计件单价的公式如下：

$$工作日加班计件单价 = 标准单价 \times 150\%$$

$$双休日加班计件单价 = 标准单价 \times 200\%$$

$$法定休假日加班计件单价 = 标准单价 \times 300\%$$

也就是说，如果在法定工作时间内完成一个合格品的计件单价为10元，那么在工作日的加班时间完成一个合格品的计件单价应为15元，在双休日的加班时间完成一个合格品的计件单价应为20元，在法定休假日加班完成一个合格品的计件单价应为30元。

3. **不定时工作制加班工资计算方法**

在一般情况下，对于经过中华人民共和国人力资源和社会保障部批准，实行不定时工作制的企业，可以在明确工作量的前提下自主安排工作、休息时间的"不定时工作制"岗位，不需要支付加班费。但需注意，如果企业在法定休假日安排职工工作的，仍然应当按照不低于职工本人工资标准的300%支付加班费。

实行不定时工作制的企业计算加班工资的公式如下：

$$加班工资 = 月标准工资 \div 21.75 \div 8 \times 300\% \times 法定休假日的加班时数$$

任务实施

第一步：确定员工月标准工资，本案例中包含基本工资、工龄工资和岗位工资等。

计算如下：

李云龙的月标准工资=6 000+500+1 500=8 000（元）

张大彪的月标准工资=6 000+200+1 400=7 600（元）

孔捷的月标准工资=6 000+200+1 000=7 200（元）

赵刚的月标准工资=8 000+300+1 150=9 450（元）

楚云飞的月标准工资=5 000+200+5 000=10 200（元）

刘洁的月标准工资=3 000+200+1 000=4 200（元）

第二步：计算不同员工的日工资。

计算如下：

李云龙的日工资=8 000÷21.75≈368（元）

张大彪的日工资=7 600÷21.75≈349（元）

孔捷的日工资=7 200÷21.75≈331（元）

赵刚的日工资=9 450÷21.75≈434（元）

楚云飞的日工资=10 200÷21.75≈469（元）

刘洁的日工资=4 200÷21.75≈193（元）

第三步：根据公司关于加班和缺勤相关规定计算员工的加班工资和缺勤工资。如果公司规定加班日后可以调补，那么加班工资一律按照日工资发放；公司规定加班日后不做调补的，法定休假日按日工资的300%计发，双休日按日工资的200%计发。假定公司规定加班日后不做调补，则计算如下。

（1）加班工资。

$$加班工资=日工资×对应的计发标准×加班天数$$

李云龙加班工资=368×200%×2=1 472（元）

孔捷的加班工资=331×200%+331×300%=1 655（元）

楚云飞加班工资=469×200%×3+469×300%=4 221（元）

（2）扣缺勤工资。

$$扣缺勤工资=缺勤天数×本人对应的日工资$$

刘洁扣缺勤工资=193×4=772（元）

（3）视同出勤计算。

李云龙的年休假5天，符合规定，视同出勤，不计扣缺勤工资。

张大彪的婚假3天，符合规定，视同出勤，不计扣缺勤工资。

赵刚的探亲假30天，符合规定，视同出勤，不计扣缺勤工资。

北京商贸公司员工2021年9月工资表如表3-11所示。

表 3-11 北京商贸公司员工 2021 年 9 月工资表

单位：元

序号	姓名	部门	基本工资	工龄工资	岗位工资	日工资	本月实际出勤天数	法定年假补贴 天数	法定年假补贴 金额	非法定年假补贴 天数	非法定年假补贴 金额	其他补贴 金额	超勤补贴 天数	超勤补贴 金额	缺勤扣款 天数	缺勤扣款 金额
1	李云龙	人力资源部	6 000	500	1 500	368	24		0		0		2	1 472		0
2	张大彪	行政部	6 000	200	1 400	349	22		0		0			0		0
3	孔捷	财务部	6 000	200	1 000	331	24		0		0		2	1 655		0
4	赵刚	总裁办	8 000	300	1 150	434	22		0		0					0
5	楚云飞	销售部	5 000	200	5 000	469	26		0		0	1 000	4	4 221		0
6	刘洁	后勤部	3 000	200	1 000	193	18		0		0			0	4	772

任务拓展

案例 3-2

某种产品的生产过程需要 5 人进行协作。某班组生产该产品，有张三、李四、王五、赵六、徐七 5 名工人。某月，该班组共生产了 5 000 件合格产品，产品的计件单价为 5 元，该班组成员的日工资和实际出勤天数如表 3-12 所示。

表 3-12 该班组成员的日工资及实际出勤天数

姓名	日工资/元	实际出勤天数/天
张三	200	18
李四	180	19
王五	170	21
赵六	160	20
徐七	150	19

请根据团队计件工资法计算表中 5 人的当月工资。

【案例分析】

计件工资是指企业根据预先规定的每件产品的单价和职工生产的合格品件数来确定支付工资的形式。计件工资通常适用于产品的数量和质量与职工的主观努力直接相关，并能够量化职工劳动成果的岗位。

采用计件工资的优点：工资分配透明度高，物质激励作用强；能够很好地体现按劳分配的原则；能够促进职工不断提高效率，提升自身的劳动熟练程度和技术水平。

采用计件工资的缺点：适用范围较窄，对许多岗位不适用；不利于职工的相互协作；不利于初学者能力的培养。

1. 个人计件工资法

当产品的生产工艺较为简单、员工能力水平的提升对产品的数量和质量无较大影响、产品的整个生产过程都是由单人完成时可采用个人计件工资法计算工资。个人计件工资法是一种工资总额与个人劳动成果直接相关的工资计算方法，体现的是个人的多劳多得。

利用个人计件工资法计算个人应发工资的公式如下：

应发工资=（个人生产的合格品数量+因原材料导致的不合格品数量）×计件单价+其他工资加项

注意，生产过程中会产生不合格品，不合格品如果是由原材料造成的，则通常应按照相应的计件单价支付员工工资；如果是由员工的生产加工失误造成的，则不支付不合格品的计件工资。

例如，老李某年5月分别参与完成了A、B、C 3种产品的生产任务，其中A产品的计件单价为30元/件、B产品的计件单价为40元/件、C产品的计件单价为50元/件。老李共完成A、B、C 3种产品的合格品数量分别为44个、52个、18个，由于原材料导致的不合格品数量分别为6个、8个、2个，因老李操作不当产生的不合格品数量分别是3个、5个、2个，无其他工资加项。因此，

老李该月的应发计件工资=30×（44+6）+40×（52+8）+50×（18+2）=4 900（元）。

2. 团队计件工资法

当产品的生产工艺较为复杂、产品需要由多人组成的工作组分工协作共同完成时，可采用团队计件工资法计算工资。团队计件工资法是一种与个人劳动成果和团队劳动成果都相关的工资计算方法，在体现个人多劳多得的同时，也体现了团队的多劳多得。

在团队计件工资法中，个人应发工资的计算公式如下：

应发工资=个人日工资×实际出勤天数×工资分配系数+其他工资加项

其中，

工资分配系数=团队实得计件工资总额÷团队应得标准工资总额

团队实得计件工资总额=（团队生产的合格产品数量+因原材料导致的不合格品数量）×计件单价

团队应得标准工资总额=$\sum$（个人日工资×实际出勤天数）

【案例解析】

计算如下：

团队实得计件工资总额=5 000×5=25 000（元）

团队应得标准工资总额=200×18+180×19+170×21+160×20+150×19=16 640（元）

工资分配系数=25 000÷16 640≈1.502 4

张三的应发工资=200×18×1.502 4≈5 408.6（元）

李四的应发工资=180×19×1.502 4≈5 138.2（元）

王五的应发工资=170×21×1.502 4≈5 363.6（元）

赵六的应发工资=160×20×1.502 4≈4 807.7（元）

徐七的应发工资=150×19×1.502 4≈4 281.8（元）

注：工资一般发至角，因此保留一位小数。

案例 3-3

老李已在某公司工作并正常缴纳工伤保险有 7 年多的时间，月标准工资为 8 000 元，除此之外再无奖金、津贴、补贴等其他收入。某月 5 日，老李在工作过程中发生工伤，住院接受治疗。20 天后，老李出院，休了 5 个月工伤假。老李回到公司工作 1 年后，觉得不适应，提出离职。

请计算老李在发生工伤当月的应发工资和 5 个月的工伤假工资。

【案例分析】

《工伤保险条例》的相关规定如下。

第三十二条 工伤职工因日常生活或者就业需要，经劳动能力鉴定委员会确认，可以安装假肢、矫形器、假眼、假牙和配置轮椅等辅助器具，所需要费用按照国家规定的标准从工伤保险基金支付。

第三十三条 职工因工作遭受事故伤害或者患职业病需要暂停工作接受工伤医疗的，在停工留薪期内，原工资福利待遇不变，由所在单位按月支付。

停工留薪期一般不超过 12 个月。伤情严重或者情况特殊，经设区的市级劳动能力鉴定委员会确认，可以适当延长，但延长不得超过 12 个月。工伤职工评定伤残等级后，停发原待遇，按照本章的有关规定享受伤残待遇。工伤职工在停工留薪期满后仍需治疗的，继续享受工伤医疗待遇。

生活不能自理的工伤职工在停工留薪期需要护理的，由所在单位负责。

第三十四条 工伤职工已经评定伤残等级并经劳动能力鉴定委员会确认需要生活护理的，从工伤保险基金按月支付生活护理费。

生活护理费按照生活完全不能自理、生活大部分不能自理或者生活部分不能自理 3 个不同等级支付，其标准分别为统筹地区上年度职工月平均工资的 50%、40%或者 30%。

拓展链接5：关于《工伤保险条例》中，对不同伤残等级对应的待遇。

【案例解析】

根据规定，职工因工作遭受事故伤害或者患职业病需要暂停工作接受工伤医疗的，在停工留薪期内，原工资福利待遇不变，由所在单位按月支付。

因此，老李发生工伤当月的工资和工伤假期间的5个月，每月企业应按月发放工资8 000元。而一年后老李主动提出离职后，可以根据伤残鉴定等级，由工伤保险基金支付一次性工伤医疗补助金，由该公司支付一次性伤残就业补助金。

案例3-4

2021年的8月2日，人力资源部小王收到公司营销部门的员工考勤表。审核中发现李某7月20日刚刚入职，实际出勤8天；而该部门的老员工张某在7月20日办理了辞职手续，7月10日加班一天，实际出勤14天。

已知7月份应出勤天数为22天，根据劳动合同约定，李某的月标准工资为4 350元，张某的月标准工资为6 525元。请计算李某和张某2021年7月的应发工资。

【案例分析】

企业新入职员工的工资，应按劳动合同的约定来发放，但约定工资应符合法律规定。如果约定不明，则适用集体合同。企业新入职员工入职前应该和用人单位协商工资事宜，协商好工资后，劳动者入职的，要签订劳动合同，合同中应该有工资的条款。

新入职员工第一个月工资=月工资÷21.75×实际出勤天数

新入职员工当月出勤天数，从入职当日算起；入职之前的所有天数（包括周六、周日、国家法定节假日在内）均不算出勤。如该员工入职当天为周一，则该周的周六、周日为带薪日，即算入出勤天数；反之，则不算入出勤天数。新入职员工只有入职当周满周工作，才能享受周末休息。入职第二周起，至该月月末的周末休息天数算入考勤天数。如该员工入职当天为该月1日，则该月的国家法定休假日为带薪日，即算入考勤天数；反之，则不算入考勤天数内。

> **知识链接：**
> 《中华人民共和国劳动合同法》第二十条 【试用期工资】劳动者在试用期的工资不得低于本单位相同岗位最低档工资或者劳动合同约定工资的百分之八十，并不得低于用人单位所在地的最低工资标准。

劳动者向用人单位申请离职的，原则上需要履行通知的义务，即提前一定的时间通知单位自己要离职，使单位早做准备，不会因为有员工离职，而造成经济上的损失。

$$辞职后的工资=月标准工资÷21.75×实际出勤天数$$

期间如有加班参照员工加班工资计算方法计算。

【案例解析】

新入职员工李某的 7 月工资=4 350÷21.75×8=1 600（元）

辞职员工张某的 7 月加班工资=6 525÷21.75×200%=600（元）

辞职员工张某的 7 月应发工资=6 525÷21.75×（14-1）+600=4 500（元）

下篇

个人所得税计算

> 我收入高，每个月要交 1 000 多元的个人所得税。

> 我收入低，每个月就能赚到 3 000 元，刚刚够生活，也要交个人所得税吗？

情境导入：

通过这几天在人力资源部的实践与学习，小明已经能够熟练地计算出公司员工每个月的出勤工资及社会保险金额，觉得自信心大增，可以独当一面了。不料下班前，主任找到她，语重心长地对她说："小明，有个新任务要交给你。之前我们公司的个人所得税一直是会计部门计算的，现在这部分工作归属于人力资源部了，你要好好研究下现在的个人所得税制度，仔细看看9月份的工资表（见表4-1），根据工资表来计算出每个月公司应代扣代缴的个人所得税，以及员工的税后实发工资，然后把表格报给财务部门，这个工作非你莫属，好好干。"小明一听，就懵了，这不是她的强项啊，在学校的时候只学到了一点儿皮毛，直接拿来用是肯定不行的，看来这几天又要熬夜学习了。说干就干，行动派就是这样，那就先从个人所得税的相关制度开始了解吧。

表4-1 北京商贸公司2021年9月工资表

单位：元

序号	姓名	部门	基本工资	工龄工资	岗位工资	绩效奖金	超勤补贴	交通补贴	话费补贴	高温补贴	采暖补贴	工资总额
1	李云龙	人力资源	6 000	500	1 500							8 000
2	张大彪	行政部	6 000	200	1 400							7 600
3	孔捷	财务部	6 000	200	1 000							7 200
4	赵刚	总裁办	8 000	300	1 150							9 450
5	楚云飞	销售部	5 000	200	5 000	10 000			200			20 400
6	刘洁	后勤部	3 000	200	1 000							4 200

项目 4

认识个人所得税

> **知识目标**：认识个人所得税，了解现行的个人所得税制度，理解个人所得税的作用，明确纳税人、征税范围及税率等基础知识，了解综合所得的内容。
>
> **能力目标**：能够判断居民纳税人与非居民纳税人；能够正确判断哪些收入需要缴纳个人所得税；理解税率的概念，能够运用比例税率及超额累进税率正确计算税额。
>
> **情感目标**：理解税收公平的含义，理解税收具有调节贫富差距的作用，收入高的多纳税，收入低的少纳税，没有收入的不纳税，理解国家通过税收对收入的再分配，实现公平与效率的目标。

任务 4.1　认识个人所得税的纳税人

任务导入

经过了一晚上的突击学习，小明明白了单位员工取得工资、薪金收入是要按照规定缴纳个人所得税的，由单位在发放工资的时候代扣代缴，单位即为个人所得税的扣缴义务人。正当小明整理笔记的时候，领导又来找她："小明，我们单位这个月聘请的德国专家，需要支付 15 000 元的劳务费，你看看，外籍专家的收入要不要缴纳个人所得税？应该如何缴纳呢？"

任务分析

一、居民个人

在中国境内有住所，或者无住所而一个纳税年度内在中国境内居住累计满 183 天的个人，为居民个人。居民个人从中国境内和境外取得的所得，应依法缴纳个人所得税。

在中国境内有住所，是指因户籍、家庭、经济利益关系而在中国境内习惯性居住。

注：住所与"定居"相类似。在中国有住所，可能是因为：户口在中国；家庭在中国；主

要资产和社会关系都在中国。习惯性居住是指即使出国学习、工作、出差、旅游，结束了还是要回到中国。

在中国境内无住所的个人，在中国境内居住累计满183天的年度连续不满六年的，经向主管税务机关备案，其来源于中国境外且由境外单位或者个人支付的所得，免予缴纳个人所得税；在中国境内居住累计满183天的任一年度中有一次离境超过30天的，其在中国境内居住累计满183天的年度的连续年限重新起算。

从中国境内和境外取得的所得，分别是指来源于中国境内的所得和来源于中国境外的所得。

二、非居民个人

在中国境内无住所又不居住，或者无住所而一个纳税年度内在中国境内居住累计不满183天的个人，为非居民个人。非居民个人从中国境内取得的所得，依法缴纳个人所得税。

注：非居民个人需同时达到两个条件：一是在境内没有住所，二是在境内居住时间不满183天。

三、来源于中国境内的所得

除国务院财政部、税务主管部门另有规定外，下列所得，不论支付地点是否在中国境内，均为来源于中国境内的所得：

（一）因任职、受雇、履约等在中国境内提供劳务取得的所得；

（二）将财产出租给承租人在中国境内使用而取得的所得；

（三）许可各种特许权在中国境内使用而取得的所得；

（四）转让中国境内的不动产等财产或者在中国境内转让其他财产取得的所得；

（五）从中国境内企业、事业单位、其他组织以及居民个人取得的利息、股息、红利所得。

在中国境内无住所的个人，在一个纳税年度内在中国境内居住累计不超过90天的，其来源于中国境内的所得，由境外雇主支付并且不由该雇主在中国境内的机构、场所负担的部分，免予缴纳个人所得税。（注意：仅限于工资、薪金所得，境外雇主支付且承担部分免税。）

注：个人所得税的纳税人，通俗地说，就是符合两个条件的个人，一是拿到了应该纳税的收入，二是自身的身份在个人所得税的规定范围内。如果是税收居民，在全世界拿到的收入都有申报纳税的义务；如果不是税收居民，那么可以只就中国境内的收入申报纳税。

境外已经缴纳的个人所得税税额可以申请抵免，但不得超过抵免限额。

居民个人与非居民个人纳税义务范围如表4-2所示。

表 4-2 居民个人与非居民个人纳税义务范围

类型	情形	境内所得		境外所得	
		境内支付	境外支付	境内支付	境外支付
非居民个人	无住所，居住时间≤90 天	征税	免税	不征	不征
	无住所，90 天＜居住时间≤183 天	征税	征税	不征	不征
居民个人	无住所，183 天＜居住时间≤6 年	征税	征税	征税	免税
	无住所，6 年＜居住时间	征税	征税	征税	征税
	有住所	征税	征税	征税	征税

四、纳税年度

纳税年度，自公历 1 月 1 日起至 12 月 31 日止。

判断标准：有无住所和居住时间。

五、个人所得税的纳税人与扣缴义务人

个人所得税以所得人为纳税人，以支付所得的单位或者个人为扣缴义务人。

知识链接：国税函发〔1996〕602 号：凡税务机关认定对所得的支付对象和支付数额有决定权的单位和个人，即为扣缴义务人。在集团与子公司之间确认谁是员工的扣缴义务人时，该规定很重要。

为了征管方便，规定使用纳税人识别号来标记每个纳税人。

纳税人有中国公民身份号码的，以中国公民身份号码为纳税人识别号；纳税人没有中国公民身份号码的，由税务机关赋予其纳税人识别号。

扣缴义务人扣缴税款时，纳税人应当向扣缴义务人提供纳税人识别号。

任务实施

德国专家为非居民纳税人，15 000 元的劳务费因为是来源于中国境内的所得，所以需要缴纳个人所得税，由支付所得单位即北京商贸公司代扣代缴。

任务拓展

案例 4-1

外籍个人李某在境外任职，因工作原因，从 2019 年 11 月 1 日至 2020 年 6 月 1 日期间在中国境内提供劳务，2020 年境外公司发放给李某的工资、薪金所得为 30 000 元，按照国内税

法规定，判断李某的境外收入 30 000 元是否要计算并缴纳个人所得税？

【案例解析】

纳税年度，自公历 1 月 1 日起至 12 月 31 日止。

李某 2020 年居住时间为 2020 年 1 月 1 日到 2020 年 6 月 1 日，没有超过 183 天，按照政策规定李某属于非居民个人，具有有限的纳税义务，所以李某仅对来自中国境内的收入缴纳个人所得税，境外收入 30 000 元无须缴纳。

任务 4.2　认识个人所得税的征税对象

任务导入

2021 年 10 月，人力资源部的李云龙为其他单位进行了一次员工培训，为期两天，获得报酬 3 000 元。总裁办的赵刚平时就喜欢写小说，被称为赵作家，前一段时间在网络上发表的小说被出版社看中，签订合约，印刷出版，小赚一笔，获得稿酬 100 000 元。两个人都很激动，跑到办公室一起问小明有关税收的问题，他们的收入到底要不要纳税？应该怎么纳税？

任务分析

一、个人的哪些所得应当缴纳个人所得税

个人的以下九项所得应当缴纳个人所得税：工资、薪金所得；劳务报酬所得；稿酬所得；特许权使用费所得；经营所得；利息、股息、红利所得；财产租赁所得；财产转让所得；偶然所得。

注：这九项即为个人所得税税目。所谓税目是指在税法中对征税对象分类规定的具体的征税项目，反映具体的征税范围。

《个人所得税法》规定的各项个人所得的范围：

（1）工资、薪金所得是指个人因任职或者受雇取得的工资、薪金、奖金、年终加薪、劳动分红、津贴、补贴，以及与任职或者受雇有关的其他所得。

（2）劳务报酬所得是指个人从事劳务取得的所得，包括从事设计、装潢、安装、制图、化验、测试、医疗、法律、会计、咨询、讲学、翻译、审稿、书画、雕刻、影视、录音、录像、演出、表演、广告、展览、技术服务、介绍服务、经纪服务、代办服务，以及其他劳务取得的所得。

注：个人独立从事上述劳务取得所得，该项所得支付方与其不属于劳动关系，则该项所得判定为劳务报酬所得。

（3）稿酬所得是指个人因其作品以图书、报刊等形式出版、发表而取得的所得。

（4）特许权使用费所得是指个人提供专利权、商标权、著作权、非专利技术，以及其他特许权的使用权取得的所得；提供著作权的使用权取得的所得，不包括稿酬所得。

注：劳务报酬所得、稿酬所得、特许权使用费所得，属于一次性收入的，以取得该项收入为一次；属于同一项目连续性收入的，以一个月内取得的收入为一次。

（5）经营所得是指：

① 个体工商户从事生产、经营活动取得的所得，个人独资企业投资人、合伙企业的个人合伙人来源于境内注册的个人独资企业、合伙企业生产、经营的所得；

② 个人依法从事办学、医疗、咨询，以及其他有偿服务活动取得的所得；

③ 个人对企业、事业单位承包经营、承租经营，以及转包、转租取得的所得；

④ 个人从事其他生产、经营活动取得的所得。

注：没有办理企业登记，实质上属于个体经营性质的个人所得也适用于这个范围。

（6）利息、股息、红利所得是指个人拥有债权、股权等而取得的利息、股息、红利所得。

注：利息、股息、红利所得，以支付利息、股息、红利时取得的收入为一次。

按现行规定，储蓄存款利息不用交税，投资上市公司取得的分红，如果持有股票超过一年，也可以不用交税；持有超过一个月不到一年的，按一半交税。

（7）财产租赁所得是指个人出租不动产、机器设备、车船，以及其他财产取得的所得。

注：财产租赁所得，以一个月内取得的收入为一次。

（8）财产转让所得是指个人转让有价证券、股权、合伙企业中的财产份额、不动产、机器设备、车船，以及其他财产取得的所得。

对股票转让所得征收个人所得税的办法，由国务院另行规定，并报全国人民代表大会常务委员会备案。

（9）偶然所得是指个人得奖、中奖、中彩，以及其他偶然性质的所得。

注：偶然所得，以每次取得该项收入为一次。

个人取得的所得，难以界定应纳税所得项目的，由国务院税务主管部门确定。

个人所得的形式，包括现金、实物、有价证券和其他形式的经济利益。所得为实物的，应当按照取得的凭证上所注明的价格计算应纳税所得额，无凭证的实物或者凭证上所注明的价格明显偏低的，参照市场价格核定应纳税所得额；所得为有价证券的，根据票面价格和市场价格核定应纳税所得额；所得为其他形式的经济利益的，参照市场价格核定应纳税所得额。

二、综合所得与分类所得

1. 综合所得

居民个人取得工资、薪金所得，劳务报酬所得，稿酬所得，特许权使用费所得等四项所得为综合所得。综合所得按纳税年度合并计算个人所得税。

（1）扣缴义务人向居民个人支付工资、薪金所得时，应当按照累计预扣法计算预扣税款，并按月办理全员全额扣缴申报。

（2）扣缴义务人向居民个人支付劳务报酬所得、稿酬所得、特许权使用费所得，按月或者按次预扣预缴个人所得税。

注：综合所得仅针对居民个人，对非居民个人称之为前四项所得。

2. 分类所得

纳税人取得的经营所得，利息、股息、红利所得，财产租赁所得，财产转让所得，偶然所得为分类所得。

分类所得依照《个人所得税法》规定分别计算个人所得税。个人所得税税目如图4-1所示。

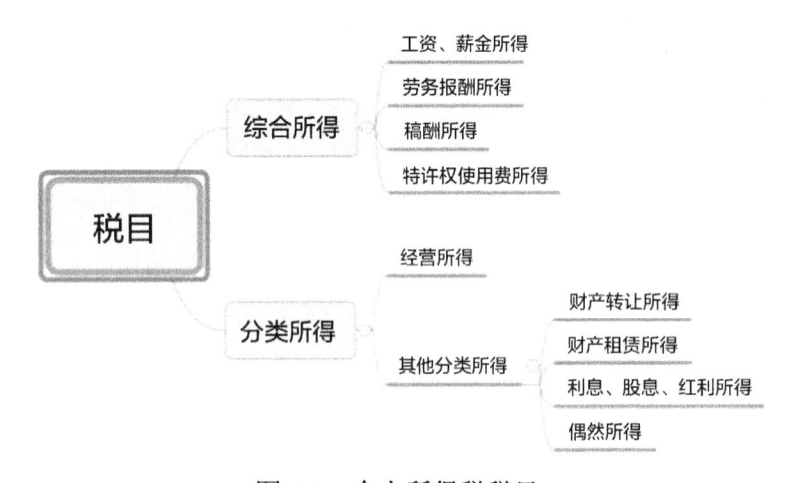

图4-1 个人所得税税目

注：非居民个人取得前四项所得，按月或者按次分项计算个人所得税。

任务实施

李云龙的收入属于劳务报酬所得，赵刚的收入属于稿酬所得，都需要缴纳个人所得税。在取得收入时，由支付报酬的单位先预扣预缴，等年度汇算清缴时，再与他们全年的工资、薪金所得，劳务报酬所得，稿酬所得及特许权使用费所得合并在一起综合计算，税额多退少补。

任务拓展

案例 4-2

2021年10月，北京商贸公司为实施项目招聘录用了一名首次入境的法国技术顾问戴维，项目预期6个月完工，预计戴维会在项目完工后离境。2021年10—12月，戴维从公司获得的工资、薪金分别为10 000元、20 000元和15 000元。同时，11月份戴维为其他公司进行技术指导，获得劳务报酬30 000元。戴维为无住所的外籍员工，请问，戴维获得的工资、薪金与30 000元的劳务报酬是否应合并在一起综合计税？

【案例解析】

戴维2021年10月来到中国，无住所，2021年居住时间不满183天，按照政策确定为非居民纳税人，前四项所得即工资、薪金所得，劳务报酬所得，稿酬所得和特许前使用费所得，应分别计算，分别由支付单位代扣代缴，不需要合并计税，也不需要年度汇算清缴。

案例 4-3

小王有1辆私家车，工作之余，想要做份兼职赚点外快，于是注册了一个滴滴车主，每天下班后及休息日从事滴滴运营，每个月也能小赚一笔。

问题：小王通过滴滴平台获得的收入应该属于工资、薪金所得？还是劳务报酬所得？还是经营所得？

【案例分析】

《国家税务总局关于印发〈征收个人所得税若干问题的规定〉的通知》规定，工资、薪金所得是属于非独立个人劳务活动，即在机关、团体、学校、部队、企事业单位及其他组织中任职、受雇而得到的报酬；劳务报酬所得则是个人独立从事各种技艺、提供各项劳务取得的报酬。两者的主要区别在于，前者存在雇佣与被雇佣关系，后者则不存在这种关系。

经营所得与劳务报酬所得的区别主要在于是否具有完全意义上的经营性质。

第一，个人办理营业执照而产生的收入属于经营所得。

第二，对于未办理营业执照的，但经政府有关部门批准，从事办学、医疗、咨询等有偿服务活动的个人取得的所得属于经营所得。

第三，对于无照又未经批准的，是否有固定场所（包括网络场所）也可以作为判断依据：如有则按照经营所得处理，如无则按劳务报酬所得处理。

第四，对一个项目可以按照是否对经营成果拥有所有权来判定。

【案例解析】

从以上的分析可以看出，小王与滴滴平台没有雇佣与被雇佣的关系，也没有获得营业执照，不承担经营的风险，只享受个人因付出劳动而获得的报酬，是合作模式，按照目前的政策判断，该收入应该属于劳务报酬收入，由滴滴平台在支付报酬的时候预扣预缴小王应该缴纳的个人所得税，在年终时，该项所得应与小王的其他综合所得一起进行汇算清缴。

任务 4.3 认识个人所得税的税率与预扣率

任务导入

9 月份的工资条发到了各位员工的手里，每个人预扣预缴的个人所得税都是不同的。公司保洁刘阿姨的工资总额为 4 200 元，预扣预缴个人所得税的金额为 0 元，楚云飞的工资总额是 20 400 元，预扣预缴个人所得税 772.17 元。楚云飞拿着工资条到人力资源部找小明："小明，为什么有的人交税，有的人不交，有的人多交，有的人少交呢？依据是什么呀？"

任务分析

一、税率是什么

税率是指纳税人的应纳所得税额与征税对象数额之间的比例，是法定的计算应纳所得税额的尺度。税率的高低直接关系到国家财政收入的多少和纳税人负担的轻重，体现了国家对纳税人征税的深度，是税收制度的核心要素。我国现行的税率主要有比例税率、超额累进税率、超率累进税率、定额税率。

个人所得税主要适用的税率是比例税率和超额累进税率。

1. 比例税率

比例税率是指无论征税对象的数量或金额是多少，统一按一个百分比征税的税率。例如，偶然所得适用 20% 的比例税率，即无论所得是 50 万元还是 100 万元，税率不变。比例税率计算简便，对同一征税对象适用一个比例，体现了税收负担中的横向公平，有利于鼓励竞争，实行规模经营。

2. 累进税率

累进税率是指随着征税对象数量的增大而随之提高的税率，即按征税对象数额的大小划分为若干等级，不同等级的课税数额分别适用不同的税率，课税数额越大，适用税率越高。

累进税率具体可分为全额累进税率、超额累进税率、全率累进税率、超率累进税率、超倍累进税率等多种形式。

个人所得中的综合所得采用7级超额累进税率，税率表如表4-3所示。

表4-3 全年综合所得适用税率表

综合所得适用

级数	全年应纳税所得额	税率/%	速算扣除数/元
1	不超过36 000元的部分	3	0
2	超过36 000元至144 000元的部分	10	2 520
3	超过144 000元至300 000元的部分	20	16 920
4	超过300 000元至420 000元的部分	25	31 920
5	超过420 000元至660 000元的部分	30	52 920
6	超过660 000元至960 000元的部分	35	85 920
7	超过960 000元的部分	45	181 920

注：累进税率能体现量能负担原则，使纳税人的负担水平与负税能力相适应，可以充分体现对纳税人收入高的多征、收入低的少征、无收入的不征的税收原则，从而有效地调节纳税人的收入，正确处理税收负担的纵向公平问题。

知识拓展：

税收的公平与效率原则

（一）税收的公平原则

税收的公平原则是指政府征税要使各个纳税人承受的负担与其经济状况相适应，并使各个纳税人之间的负担水平保持均衡。

它包括三个方面的含义：一是税收负担的公平，包括税收的横向公平——相同纳税能力的人缴纳相同的税和纵向公平——不同纳税能力的人缴纳不同的税；二是税收的经济公平，即通过税收机制建立机会平等的经济环境，实现起点的公平；三是税收的社会公平，即通过税收机制对社会成员个人的收入进行调节，以征税或补贴方式实现社会成员间利益上的相对公平，进而实现结果的公平。

（二）税收的效率原则

它包括两层含义：一是行政效率，也就是征税过程本身的效率，它要求税收在征收和缴纳过程中耗费成本最少；二是经济效率，就是征税应有利于促进经济效率的提高，或者对经济效率的不利影响最小。遵循行政效率是征税最基本、最直接的要求，而追求经济效率，则是税收的高层次要求，它同时也反映了人们对税收调控作用认识的提高。

二、个人所得税的免征额

免征额是指征税对象总额中免予征税的数额。个人所得税工资、薪金免征额自 1980 年确定为 800 元后经历了 4 次调整，2006 年提高到 1 600 元，2008 年提高到 2 000 元，2011 年提高到 3 500 元，2018 年提高到目前的 5 000 元。

注：很多文献及作品将个人所得税的免征额称为起征点。实际上这二者是不同的，起征点是征税对象达到一定数额开始征税的起点。免征额是在征税对象的全部数额中免予征税的数额。

> **知识拓展**：起征点与免征额的异同。
>
> 二者的相同点：起征点与免征额同为征税与否的界限，对纳税人来说，在其收入没有达到起征点或没有超过免征额的情况下，都不征税。
>
> 二者的不同点：其一，当纳税人的收入恰好达到起征点时就要征税，而当纳税人的收入恰好与免征额相同时，则不征税；其二，当纳税人的收入超过起征点时，要按其收入全额征税，而当纳税人收入超过免征额时，则只就超过的部分征税。两者相比，享受免征额的纳税人就要比享受同额起征点的纳税人税负轻。此外，起征点只能照顾一部分纳税人，而免征额则可以照顾适用范围内的所有纳税人。
>
> 所以，严格意义上来说，个人所得税中工资、薪金每月 5 000 元免于征税的部分，应称为免征额，但大部分媒体和文章上都称为起征点，这是一种谬误。

三、个人所得税税率与预扣率

（一）税率的几种情况

1. 对于居民纳税人而言

综合所得适用 3%～45% 的超额累进税率（见表 4-3）；经营所得适用 5%～35% 的超额累进税率；利息、股息、红利所得，财产租赁所得，财产转让所得和偶然所得适用 20% 的比例税率。

2. 对于非居民纳税人而言

其工资、薪金所得，劳务报酬所得，稿酬所得及特许权使用费所得，按月或按次分项计税，适用按月换算后的综合所得税率表（以下称月度税率表，见表 4-4）；利息、股息、红利所得，财产租赁所得，财产转让所得和偶然所得适用 20% 的比例税率。

表 4-4 月度税率表

(非居民个人工资、薪金所得,劳务报酬所得,稿酬所得,特许权使用费所得适用)

级数	应纳税所得额	税率/%	速算扣除数/元
1	不超过 3 000 元的	3	0
2	超过 3 000 元至 12 000 元的部分	10	210
3	超过 12 000 元至 25 000 元的部分	20	1 410
4	超过 25 000 元至 35 000 元的部分	25	2 660
5	超过 35 000 元至 55 000 元的部分	30	4 410
6	超过 55 000 元至 80 000 元的部分	35	7 160
7	超过 80 000 元的部分	45	15 160

3. 个人所得税预扣率

为了税款及时入库,我国个人所得税实行预扣预缴制度。居民个人取得综合所得,按年计算个人所得税,并由扣缴义务人按月或者按次根据个人所得税预扣率预扣预缴税款,年度汇算清缴。

(二)个人所得税具体征税税率

1. 综合所得适用税率

工资、薪金所得,劳务报酬所得,稿酬所得,特许权使用费所得,按年计算个人所得税,税率如表 4-3 所示(计算方法详见项目五)。

注: 居民办理年度综合所得汇算清缴时,应当依法计算劳务报酬所得、稿酬所得、特许权使用费所得的收入额,与全年的工资、薪金所得一起并入年度综合所得,计算应纳税所得额,并根据表 4-3 计算应纳所得税额,税款多退少补。

综合所得中的各项所得在取得时由扣缴义务人按月或者按次预扣预缴税款。

(1)居民工资、薪金所得预扣预缴税率。居民工资、薪金所得采用累计扣税法,由扣缴义务人按月预扣预缴个人所得税,税率如表 4-5 所示。

表 4-5 居民个人工资、薪金所得预扣预缴税率表

级数	累计预扣预缴应纳税所得额	预扣率/%	速算扣除数/元
1	不超过 36 000 元	3	0
2	超过 36 000 元至 144 000 元的部分	10	2 520
3	超过 144 000 元至 300 000 元的部分	20	16 920
4	超过 300 000 元至 420 000 元的部分	25	31 920
5	超过 420 000 元至 660 000 元的部分	30	52 920
6	超过 660 000 元至 960 000 元的部分	35	85 920
7	超过 960 000 元的部分	45	181 920

（2）居民个人劳务报酬所得预扣预缴税率。扣缴义务人向居民个人支付劳务报酬所得，按次计算应纳税所得额，根据预扣税率表 4-6 计算应预扣预缴的税额。

表 4-6　居民个人劳务报酬所得预扣预缴税率表

级数	预扣预缴应纳税所得额	预扣率/%	速算扣除数/元
1	不超过 20 000 元的	20	0
2	超过 20 000 元至 50 000 元的部分	30	2 000
3	超过 50 000 元的部分	40	7 000

（3）居民稿酬所得、特许权使用费所得预扣预缴税率。稿酬所得、特许权使用费所得，按次计算应纳税所得额，适用 20% 的比率税率进行预扣预缴。

2. 经营所得适用税率

经营所得按年计算，适用 5%~35% 的超额累进税率，税率表如表 4-7 所示。

表 4-7　经营所得税率表

级数	全年应纳税所得额	税率/%	速算扣除数/元
1	不超过 30 000 元的	5	0
2	超过 30 000 元至 90 000 元的部分	10	1 500
3	超过 90 000 元至 300 000 元的部分	20	10 500
4	超过 300 000 元至 500 000 元的部分	30	40 500
5	超过 500 000 元的部分	35	65 500

（注：本表所称全年应纳税所得额是指依照《个人所得税法》第六条的规定，以每一纳税年度的收入总额减除成本、费用及损失后的余额。）

3. 分类所得适用税率

利息、股息、红利所得，财产租赁所得，财产转让所得和偶然所得，适用 20% 的比例税率。

任务实施

现行工资、薪金的个人所得税制度是，从收入里面减除必要的费用（每月 5 000 元），以及其他扣除项目，然后采用适当税率，计算应纳所得税额。原则是收入高的多纳税、收入低的少纳税、没有收入的不纳税。

保洁刘阿姨本月的工资为 4 200 元，没有超过个人所得税的免征额 5 000 元，故本月不需要计算缴纳个人所得税；销售部楚云飞本月工资为 20 400 元，减除各项的费用扣除后，按照个人所得税预扣税率表，计算其本月应预扣预缴的税额为 772.17 元，具体计算方法见项目五。

任务拓展

案例 4-4

某单位有两名员工甲和乙,甲的工资收入为 4 500 元,乙的工资收入为 8 500 元,假定其他条件都不考虑,请回答:甲乙是否要纳税?应纳税所得额是多少?

【案例解析】

员工甲的工资收入为 4 500 元,没有超过 5 000 元免征额的规定,故不需要缴纳个人所得税;员工乙的工资收入为 8 500 元,超过了 5 000 元的免征额,故需要缴纳个人所得税,采用预扣预缴的方式,应纳税所得额为 3 500 元。

案例 4-5

某企业有甲、乙、丙三名员工,假定三人的工资收入分别为 4 500 元、18 000 元及 48 000 元,请计算扣除免征额后三人分别需要预扣预缴多少个人所得税额?(假定不考虑其他扣除)

【案例解析】

员工甲应预扣预缴收入额=4 500-5 000=-500(元)

所以无需要缴纳个人所得税。

员工乙应预扣预缴收入额=18 000-5 000=13 000(元)

根据税率表计算应预扣预缴个人所得税=13 000×3%=390(元)

员工丙应预扣预缴收入额=48 000-5 000=43 000(元)

根据税率表计算应预扣预缴个人所得税=43 000×10%-2 520=1 780(元)

注:收入高,适用税率就高,税收负担相应增加,体现出收入高的多纳税、收入低的少纳税、没有收入不纳税的税收公平原则。

任务 4.4 申报个人所得税

任务导入

楚云飞是公司的一线销售人员,销售业绩好,年收入超过 20 万元。总裁办的赵刚号称赵作家,喜欢写小说,前段时间发表了一本小说,获得 10 万元稿酬。两个人都跑来找小明询问是否要申报纳税的问题。看来作为纳税人，大家的纳税意识还是很强的，小明大大地称赞了两人后，将个人所得税申报纳税的情况，为他们进行了详细的讲解。

任务分析

一、个人所得税全员全额扣缴申报

全员全额扣缴申报是指扣缴义务人在代扣税款的次月15日内，向主管税务机关报送其支付所得的所有个人的有关信息、支付所得数额、扣除事项和数额、扣缴税款的具体数额和总额，以及其他相关涉税信息资料。纳税人可以采用远程办税端、邮寄等方式申报，也可以直接到主管税务机关申报。

注：全员全额扣缴申报的意思是，扣缴申报的时候必须包含所有人，需要把员工的个人信息及收入、税款等信息都报送给税务局，税款为0也需要报送。

下列情形纳税人应当依法办理纳税申报：

（1）取得综合所得需要办理汇算清缴；
（2）取得应税所得没有扣缴义务人；
（3）取得应税所得，扣缴义务人未扣缴税款；
（4）取得境外所得；
（5）因移居境外注销中国户籍；
（6）非居民个人在中国境内从两处以上取得工资、薪金所得；
（7）国务院规定的其他情形。

扣缴义务人应当按照国家规定办理全员全额扣缴申报，并向纳税人提供其个人所得和已扣缴税款等信息。

拓展链接6：个人所得税扣缴申报表、个人所得税基础信息表。

二、居民个人综合所得纳税申报

居民个人取得综合所得，包括工资、薪金所得，劳务报酬所得，稿酬所得和特许权使用费所得，按年计算个人所得税；有扣缴义务人的，由扣缴义务人按月或者按次预扣预缴税款；需要办理汇算清缴的，应当在取得所得的次年3月1日至6月30日内办理汇算清缴。预扣预缴办法由国务院税务主管部门制定。

居民个人取得工资、薪金所得时，可以向扣缴义务人提供专项附加扣除有关信息，由扣缴义务人扣缴税款时减除专项附加扣除。纳税人同时从两处以上取得工资、薪金所得，并由扣缴义务人减除专项附加扣除的，对同一专项附加扣除项目，在一个纳税年度内只能选择从一处取得的所得中减除。

居民个人取得劳务报酬所得、稿酬所得、特许权使用费所得，应当在汇算清缴时向税务机关提供有关信息，减除专项附加扣除。

居民个人向扣缴义务人提供专项附加扣除信息的，扣缴义务人按月预扣预缴税款时应当按照规定予以扣除，不得拒绝。扣缴义务人应当按照纳税人提供的信息计算办理扣缴申报，不得擅自更改纳税人提供的信息。

纳税人发现扣缴义务人提供或者扣缴申报的个人信息、所得、扣缴税款等与实际情况不符的，有权要求扣缴义务人修改。扣缴义务人拒绝修改的，纳税人应当报告税务机关，税务机关应当及时处理。

> **知识链接**：纳税人、扣缴义务人应当按照规定保存与专项附加扣除相关的资料。税务机关可以对纳税人提供的专项附加扣除信息进行抽查，具体办法由国务院税务主管部门另行规定。税务机关发现纳税人提供虚假信息的，应当责令其改正并通知扣缴义务人；情节严重的，有关部门应当依法予以处理，纳入信用信息系统并实施联合惩戒。

拓展链接 7：个人所得税年度自行纳税申报表（A 表）。

三、非居民个人所得申报

非居民个人取得工资、薪金所得，劳务报酬所得，稿酬所得和特许权使用费所得，有扣缴义务人的，由扣缴义务人按月或者按次代扣代缴税款，不办理汇算清缴。

非居民个人达到居民个人条件时，应当告知扣缴义务人。一个纳税年度内税款扣缴方式保持不变，年度终了后按照居民个人有关规定办理汇算清缴。

四、经营所得个人所得税申报

纳税人取得经营所得，按年计算个人所得税，由纳税人在月度或者季度终了后 15 日内向税务机关报送纳税申报表，并预缴税款；在取得所得的次年 3 月 31 日前办理汇算清缴。

拓展链接 8：生产经营所得纳税申报表。

五、其他个人所得税申报

纳税人取得利息、股息、红利所得，财产租赁所得，财产转让所得和偶然所得，按月或者按次计算个人所得税，有扣缴义务人的，由扣缴义务人按月或者按次代扣代缴税款。没有扣缴义务人的，要在规定期限内自行申报。

> **知识链接**：综合所得按月（季）预扣预缴，按年汇总计算，在次年3月1日至6月30日内办理汇算清缴；经营所得按月或按季预缴，下月或下季初15日内预缴税款，次年3月31日前办理汇算清缴；利息、股息、红利所得，财产租赁所得，财产转让所得和偶然所得，按月或按次计算个人所得税，有扣缴义务人的，由扣缴义务人按月或者按次代扣代缴税款。

任务实施

根据上述政策可知，楚云飞的工资、薪金与赵刚的稿酬所得，在取得收入时，已经由扣缴义务人预扣预缴个人所得税。楚云飞的工资、薪金预扣预缴时采用的是累计扣税法，若本年度没有其他收入，无须进行年度汇算清缴，不需要自行纳税申报；赵刚因为取得的稿酬所得预扣预缴税率与综合所得税率不同，所以需要进行年度汇算清缴，并申报纳税。

项目 5

居民个人综合所得个人所得税的计算

> **知识目标**：了解居民个人综合所得的含义及内容、政策法规，了解并掌握居民个人综合所得应纳税所得额、应纳所得税额的计算方法，了解综合所得汇算清缴相关规定。
>
> **能力目标**：能够正确计算居民纳税人综合所得应纳税所得额及应纳所得税额，能对纳税人综合所得进行汇算清缴。
>
> **情感目标**：理解依法纳税的义务，理解多劳多得税负公平的含义，在遵守依法纳税义务前提下了解纳税人如何做好家庭综合财务安排及进行合理避税。

任务 5.1　工资、薪金中累计收入、累计减除费用、累计专项扣除的计算

任务导入

资料：下面资料为北京商贸公司员工 2020 年 1—12 月工资（见表 5-1），员工上年社会保险缴费基数（见表 5-2），北京商贸公司及个人承担社会保险及住房公积金比例表（见表 5-3）。

（1）6 月每人增加了 500 元的高温补助。

（2）11 月每人增加了 2 000 元的取暖费补助。

（3）7 月楚云飞因出差获得交通补助、误餐补助等共计 2 500 元。

（4）10 月孔捷因交通事故，获得保险公司赔付的保险金 35 000 元。

要求：在不考虑其他因素的情况下，结合资料，请分别计算李云龙 1 月、张大彪 1—2 月，孔捷 1—3 月，赵刚 1—6 月，楚云飞及刘洁 1—12 月：累计收入、累计减除费用、累计专项扣除金额。

表 5-1　北京商贸公司员工 2020 年 1—12 月工资　　　　　　　　　　　　单位：元

编号	姓名	部门	基本工资	工龄工资	岗位工资	绩效奖金	差旅补贴	话费补贴	高温补贴	采暖补贴
2020001	李云龙	人力资源部	6 000	500	1 500					
2020002	张大彪	行政部	6 000	200	1 400					
2020003	孔捷	财务部	6 000	200	1 000					
2020004	赵刚	总裁办	8 000	300	1 150					
2020005	楚云飞	销售部	5 000	200	5 000	10 000		200		
2020006	刘洁	后勤部	3 000	200	1 000					

表 5-2　北京商贸公司员工上年社会保险缴费基数　　　　　　　　　　　　单位：元

员工姓名	上年社会保险缴费基数
李云龙	8 163
张大彪	4 200
孔　捷	8 600
赵　刚	9 500
楚云飞	18 557
刘　洁	3 000

注：企业员工当年各项社会保险具体金额均以上年社会保险缴费基数为基础进行计算。

表 5-3　北京商贸公司及个人承担社会保险及住房公积金比例表

社会保险类别	公司缴费比例	个人缴费比例
基本养老保险	16%	8%
基本医疗保险	9%	2%+3 元
失业保险	0.5%	0.5%
工伤保险	0.20%	/
生育保险	0.8%	/
住房公积金	12%	12%

任务分析

一、什么是工资、薪金所得

1. 工资、薪金所得的概念

工资、薪金所得是指劳动者个人因任职或者受雇而取得的所得，具体包括工资、薪金、奖金、年终加薪、劳动分红、津贴、补贴及与任职或受雇有关的其他所得。

工资、薪金所得是个人因任职、受雇而取得的所得，取得工资、薪金的原因是完成了受雇单位的工作任务，属于该所得人的"非独立劳动"所得。与本人受雇的工作无关的所得，不应归入工资、薪金所得，如某人利用自己的技术、知识为他人或非受雇单位完成任务，该所得不属于工资、薪金所得，而属于劳务报酬所得或其他所得。

2. 工资、薪金所得范畴特殊规定

（1）不属于工资、薪金性质的补贴、津贴不征收个人所得税。

具体包括差旅费津贴、误餐（费）补助；执行公务员工资制度未纳入基本工资总额的补贴、津贴差额和家属成员的副食补贴；独生子女补贴、托儿补助费。

（2）解除劳动关系的一次性补偿收入按工资、薪金所得项目缴纳个人所得税。

（3）正式退休后领取的退休工资或养老金，不缴纳个人所得税，但另从原任职单位取得的各类补贴、奖金、实物不属于免税项目，应按工资、薪金所得项目缴纳个人所得税。

（4）与原任职单位办理内退手续后，至法定离退休年龄之间从原任职单位取得的工资、薪金，不属于离退休工资，应按工资、薪金所得项目缴纳个人所得税。

（5）提前退休取得的一次性补贴收入，按工资、薪金所得项目缴纳个人所得税。

（6）取得的公务交通、通信补贴收入扣除一定标准的公务费后，按工资、薪金所得项目缴纳个人所得税。

（7）因任职或受雇于上市公司而取得的股票、期权、股票增值权、限制性股票、股权激励所得，按工资、薪金所得项目缴纳个人所得税。

（8）三险一金等保险金，缴费超过规定比例部分，按工资、薪金所得项目计征个人所得税。三险一金具体指基本养老保险费、基本医疗保险费和失业保险费及住房公积金。

（9）任职或受雇于某单位，又兼职律师的，应自行申报两处或两处以上取得的工资、薪金所得，合并计算并缴纳个人所得税。

（10）非营利性科研机构和高校给予科技人员的现金奖励，减按50%计入科技人员当月工资、薪金所得，并依法缴纳个人所得税。

3. 非货币性福利的概念

非货币性福利是指企业以非货币性资产支付给职工的薪酬，主要包括企业以自产产品发放给职工作为福利、将企业拥有的资产无偿提供给职工使用、为职工无偿提供医疗保健服务等。

《中华人民共和国个人所得税法实施条例》第八条规定，个人所得的形式，包括现金、实物、有价证券和其他形式的经济利益。因此，非货币性福利属于工资、薪金所得的范畴。

二、工资、薪金所得应纳个人所得税的相关规定

（1）纳税义务人：在我国境内获得工资、薪金收入的所得人，包括居民纳税人与非居民纳税人。居民纳税人对来源于境内、境外的工资、薪金所得均要向境内的税务机关缴纳个人所得税。

（2）就工资、薪金所得征收的个人所得税起征点（这里指免征额）为每月 5 000 元。

（3）工资、薪金所得采取 7 级超额累进税率，不同的工资、薪金收入所对应的税率也不同。一般说来，收入越高，适用的税率越高，所要缴纳的个人所得税也越多。这体现了个人所得税的税收公平原则。

（4）个人所得税是我国的重要税种，在国家的财政收入中占了很大的比重，对国家经济有很大影响，因此自觉纳税是每个公民的义务。

三、非货币性福利应纳个人所得税的情况

纳税人收到任职或受雇单位发放的非货币性福利，应该缴纳个人所得税。纳税人任职单位或受雇单位为职工发放的非货币性福利属于《个人所得税法》规定的因任职或者受雇而取得的工资、薪金所得项目，应按照工资、薪金所得税目缴纳个人所得税。

四、累计减除费用

《国家税务总局关于全面实施新个人所得税法若干征管衔接问题的公告》（国家税务总局公告 2018 年第 56 号）规定，累计减除费用，按照 5 000 元/月乘纳税人当年截至本月在本单位的任职受雇月份数计算。如果一整年都任职累计减除费用就是 60 000 元。

五、累计专项扣除

累计专项扣除包含的范围是三险一金等，累计专项扣除的标准依据当地的社会保险及住房公积金缴费比例和金额确定。需要提醒的是，每年的社会保险和住房公积金基数在当年 7 月要根据上一年度的基数进行调整。

拓展链接 9：个人所得税优惠政策。

任务实施

根据上面知识，6 月每人增加了 500 元的高温补助及 11 月每人增加了 2 000 元的取暖费补助也属于与任职或受雇有关的所得，也应纳入工资、薪金所得范围，依法缴纳个人所得税。

现根据本节任务中"任务导入"资料，对北京商贸公司工资表的明细收入按是否应缴纳个人所得税进行分类，应计入应纳税所得额的项目包括基本工资、工龄工资、岗位工资、绩效奖金、话费补贴、高温补贴、采暖补贴；不应计入应纳税所得额的项目包括差旅补贴、交通补助。

2020 年 7 月，楚云飞因出差获得的交通补助、误餐补助等共计 2 500 元，按上述规定，不属于工资、薪金性质的补贴、津贴，不征税。

2020 年 10 月，孔捷因交通事故获得保险公司赔付的保险金 35 000 元，按《个人所得税法》第 4 条第 3 款的规定，保险赔款免纳个人所得税。

综上，在不考虑其他因素的情况下，"任务导入"环节任务计算如下。

1. 计算累计工资、薪金所得

（1）李云龙 1 月份累计收入=6 000+500+1 500=8 000（元）

（2）张大彪 1—2 月累计收入=（6 000+200+1 400）×2=15 200（元）

（3）孔捷 1—3 月累计收入=（6 000+200+1 000）×3=21 600（元）

（4）赵刚 1—6 月累计收入=（8 000+300+1 150）×6+500=57 200（元）

（5）楚云飞 1—12 月累计收入

=（5 000+200+5 000+10 000+200）×12+500+2 000=247 300（元）

（6）刘洁 1—12 月累计收入

=（3 000+200+1 000）×12+500+2 000=52 900（元）

2. 计算累计减除费用

根据《国家税务总局关于全面实施新个人所得税法若干征管衔接问题的公告》（国家税务总局公告 2018 年第 56 号）规定，累计减除费用，按照 5 000 元/月计算。

（1）李云龙 1 月份累计减除费用=5 000（元）

（2）张大彪 1—2 月累计减除费用=5 000×2=10 000（元）

（3）孔捷 1—3 月累计减除费用=5 000×3=15 000（元）

（4）赵刚 1—6 月累计减除费用=5 000×6=30 000（元）

（5）楚云飞 1—12 月累计减除费用=5 000×12=60 000（元）

（6）刘洁 1—12 月累计减除费用=5 000×12=60 000（元）

3. 计算累计专项扣除

累计专项扣除数可用每位员工的社会保险与住房公积金缴费基数分别乘其个人缴存比例得出。

需要注意，实际生活中每年的社会保险和住房公积金基数在当年7月要根据上一年度的基数进行调整，本任务中，为了计算简便，不考虑7月基数调整变化的情况。

（1）李云龙1月份累计专项扣除=8 163×（8%+2%+0.5%+12%）+3元≈1 839.68（元）

（2）张大彪1—2月累计专项扣除
=4 200×[（8%+2%+0.5%+12%）+3元]×2=1 896（元）

（3）孔捷1—3月累计专项扣除
=8 600×[（8%+2%+0.5%+12%）+3元]×3=5 814（元）

（4）赵刚1—6月累计专项扣除
=9 500×[（8%+2%+0.5%+12%）+3元]×6=12 843（元）

（5）楚云飞1—12月累计专项扣除
=18 557×[（8%+2%+0.5%+12%）+3元]×12=50 139.9（元）

（6）刘洁1—12月累计专项扣除
=3 000×[（8%+2%+0.5%+12%）+3元]×12=8 136（元）

任务拓展

案例 5-1

在不考虑其他因素的情况下，请根据前述"任务导入"与"任务实施"的资料内容，分别计算北京商贸公司员工李云龙1月、张大彪1—2月、孔捷1—3月、赵刚1—6月、楚云飞1—12月、刘洁1—12月的累计预扣预缴应纳税所得额。

【案例分析】

累计预扣预缴应纳税所得额=累计收入-累计免税收入-累计减除费用-累计专项扣除-累计专项附加扣除-累计依法确定的其他扣除

上述公式中，"累计依法确定的其他扣除"具体包括个人缴付符合国家规定的企业年金、职业年金、个人购买符合国家规定的健康保险、税收递延型商业养老保险的支出，以及国务院规定的可以扣除的其他项目。为了计算简便，本章节任务不涉及上述项目的内容。

【案例解析】

根据上述任务拓展，在无须考虑其他因素的情况下，我们把北京商贸公司员工的各项目相应的数值代入上面的公式，可计算得出各员工在相应时间段内的累计预扣预缴应纳税所得额，相关数据整理如表 5-4 所示。

表 5-4　2020 年北京商贸公司员工相关月份累计收入、累计减除费用、累计专项扣除统计表

单位：元

姓名	所属时间	项目内容及金额		
		累计收入	累计减除费用	累计专项扣除
李云龙	1 月	8 000	5 000	1 839.68
张大彪	1—2 月	15 200	10 000	1 896
孔捷	1—3 月	21 600	15 000	5 814
赵刚	1—6 月	57 200	30 000	12 843
楚云飞	1—12 月	247 300	60 000	50 139.9
刘洁	1—12 月	52 900	60 000	8 136

在不考虑其他因素的情况下，我们根据上表数据及计算公式，可得出：

（1）李云龙 1 月累计预扣预缴应纳税所得额=8 000-5 000-1 839.68=1 160.32（元）

（2）张大彪 1—2 月累计预扣预缴应纳税所得额=15 200-10 000-1 896=3 304（元）

（3）孔捷 1—3 月累计预扣预缴应纳税所得额=21 600-15 000-5 814=786（元）

（4）赵刚 1—6 月累计预扣预缴应纳税所得额=57 200-30 000-12 843=14 357（元）

（5）楚云飞 1—12 月累计预扣预缴应纳税所得额=247 300-60 000-50 139.9=137 160.1（元）

（6）刘洁 1—12 月累计预扣预缴应纳税所得额=52 900-60 000-8 136=-15 236（元）

案例 5-2

某企业尚未实行分离办社会职能，在职员工 129 人。该企业长期以来一直为职工开办职工食堂、职工浴室、理发室、医务所、托儿所、疗养院等集体福利部门。当年上述集体福利部门开支合计 67 500 元，此外，食堂锅炉维修开支 12 300 元，医务所当年购进针灸理疗耗材共开支 9 800 元，疗养院的设备、设施维修保养开支 5 200 元。上述由企业全体职工享受的福利设施当年开支共 94 800 元，人均享受 735 元。请问：该企业人均享有的集体福利是否应计入每人的工资、薪金收入总额中？

【案例分析】

根据 2012 年 4 月 11 日国家税务总局所得税司巡视员卢云在国家税务总局网站就所得税相关政策的回答，"集体享受的、不可分割的、非现金方式的福利不需缴纳个人所得税"。

【案例解析】

该企业员工集体享受的上述不可分割的集体福利不应计入每人的工资、薪金收入总额中。

任务 5.2　工资、薪金中累计专项附加扣除的计算

任务导入

自来到北京商贸公司人力资源部以来，小明每日都学到了新的工作内容。这天领导递给了小明一摞资料，对她说"小明，把这个月员工工资核算一下吧，要特别注意专项附加扣除部分，好几位员工这部分都有变化。"小明心想——专项附加扣除，这是什么意思？

话不多说，赶紧查查法律相关规定吧，补充新知识。说实话最近工作真累啊，小明现在真体会到了那句"工作就是累并快乐着"的深层含义，忍不住在心底给自己打气鼓劲儿。

资料：北京商贸公司员工刘洁家庭开支情况如下。

（1）其为父母的独生女，父亲今年 65 岁，母亲 60 岁，二老身体健康。

（2）已婚，育有一女，今年 4 岁上幼儿园中班，每月托管费、伙食费 2 680 元；刘洁的丈夫为自由职业者，工作收入不稳定，她与丈夫约定子女教育专项扣除费用在自己所得税专项附加扣除项目内容中进行申报。

（3）夫妻婚后共同购买了首套住房，每月按揭贷款月供费用为 8 500 元，刘洁与丈夫约定房贷专项扣除费用由自己纳税申报扣除。

（4）1 月支付在职研究生第二学年学费 35 000 元。

（5）1 月 5—9 日因病住院，在医保报销后个人承担 10 000 元医药费。

任务要求：请计算刘洁当年 1 月及全年的专项附加扣除费用。

任务分析

一、概念

个人所得税专项附加扣除是指《个人所得税法》规定在计算应纳个人所得税中综合所得部分时允许扣除的部分支出，具体包括赡养老人、子女教育、继续教育、购买首套住房贷款利息、租房居住的房屋租金、大病医疗等 6 项专项附加扣除。

拓展链接 10：规定专项附加扣除的意义。

二、关于专项附加扣除的相关规定

（一）赡养老人

老人是指年满 60 周岁（含）的父母，或者子女均已去世的年满 60 周岁（含）的祖父母、外祖父母。

1. 享受条件

被赡养人年满 60 周岁（含），被赡养人——父母（生父母、继父母、养父母）及子女均已去世的祖父母、外祖父母。

2. 标准方式

父母亲健在一位是 2 000 元，父母双全也是 2 000 元。

纳税人为独生子女：每月 2 000 元；纳税人为非独生子女：可以兄弟姐妹分摊每月 2 000 元的扣除额度，但每人分摊的额度不能超过每月 1 000 元。

具体分摊的方式：平均、约定、指定分摊。约定或指定分摊的，必须签订书面分摊协议。具体分摊方式和额度确定后，在一个纳税年度内不变。

3. 起止时间

从被赡养人年满 60 周岁的当月至赡养义务终止的年末。

具体内容如表 5-5 所示。

表 5-5　赡养老人专项附加扣除政策归纳表

扣除范围	纳税人赡养一位及以上被赡养人的赡养支出	
专项附加扣除政策被赡养老人条件	被赡养人是年满 60 周岁（含）的父母，或者子女均已去世的年满 60 周岁的祖父母、外祖父母	
赡养人是否是独生子女	赡养人是独生子女	赡养人非独生子女
扣除方式	定额扣除	定额扣除
扣除标准	2 000 元/月	每人不超过 1 000 元/月（人均分摊 2 000 元的扣除额度）
扣除主体	本人扣除	平均分摊：赡养人平均分摊 约定分摊：赡养人自行约定分摊比例 指定分摊：由赡养人指定分摊比例
注意事项	1. 指定分摊及约定分摊必须签订书面分摊协议； 2. 指定分摊优于约定分摊。 具体分摊方式和额度在一个纳税年度内不能变更	

根据上述相关规定，"任务导入"中，刘洁为其父母的独生女，且其父母均已到达 60 周岁，所以刘洁每月赡养老人可扣除的专项附加扣除费用为 2 000 元。

（二）子女教育

1. 享受条件

（1）子女年满3周岁以上至小学前，不论是否在幼儿园学习；

（2）子女正在接受义务教育［小学、初中，高中教育（普通高中、中等职业教育、技工教育）］；

（3）子女正在接受高等教育（大学专科、大学本科、硕士研究生、博士研究生教育）。

上述受教育地点，包括在中国境内和在境外接受教育。

2. 标准方式

每个子女，每月扣除1 000元。如果有多个符合扣除条件的子女，每个子女均可享受扣除。

扣除人由父母双方选择确定。既可以由父母一方全额扣除，也可以父母分别扣除500元。扣除方式确定后，一个纳税年度内不能变更。

3. 起止时间

学前教育，子女年满3周岁的当月至小学入学前一月。

全日制学历教育：子女接受义务教育、高中教育、高等教育的入学当月至教育结束的当月。

具体内容如表5-6所示。

表5-6 子女教育专项附加扣除政策归纳表

扣除范围	学期教育支出	学历教育支出
	满3周岁至小学入学前（不包括0~3岁阶段）	义务教育（小学、初中教育）、 高中教育（普通高中、中等职业教育、技工教育）、 高等教育（大学专科、大学本科、硕士研究生、博士研究生教育）
扣除方式	定额扣除	定额扣除
扣除标准	1 000元/月/每名子女	
扣除主体	1. 父母（法定监护人）各扣除50%； 2. 父母（法定监护人）选择一方全额扣除	
注意事项	1. 子女在境内学校或者境外学校接受教育，在公办学校或民办学校接受教育均可享受； 2. 子女已经不再接受全日制学历教育的不可以填报子女教育专项附加扣除； 3. 具体扣除方式在一个纳税年度内不能变更； 4. 纳税人子女在中国境外接受教育的，纳税人应当留存境外学校录取通知书、留学签证等相关教育的正面资料备查	

根据上述相关规定，"任务导入"中，刘洁与丈夫育有一女正上幼儿园中班，她与丈夫约定子女教育专项附加扣除费用由自己在所得税专项附加扣除项目中申报，因此每月可扣除1 000元子女教育费。

（三）继续教育

1. 享受条件

纳税人在中国境内接受学历（学位）继续教育和接受技能人员职业资格继续教育，可享受专项附加扣除税收优惠。

2. 标准方式

学历（学位）继续教育的支出，在学历（学位）教育期间按照每月 400 元定额扣除，一年最高 4 800 元。同一学历（学位）继续教育扣除期限不能超过 48 个月。

纳税人接受技能人员职业资格继续教育、专业技术人员职业资格继续教育的支出，在取得相关证书的当年，按照每年 3 600 元定额扣除。

应注意的情况是，如果子女已就业，且正在接受本科以下学历继续教育，可以由父母选择按照子女教育扣除，也可以由子女本人选择按照继续教育扣除。本科以上只能由自己按照继续教育扣除，父母不得代扣。

3. 起止时间

学历（学位）继续教育：入学的当月至教育结束的当月；同一学历（学位）继续教育的扣除期限最长不能超过 48 个月。

具体内容如表 5-7 所示。

表 5-7　继续教育专项附加扣除政策归纳表

扣除范围	学历继续教育支出	技能人员职业资格继续教育支出	专业技术人员职业资格继续教育支出
	境内学历（学位）教育期间	取得证书的年度	
扣除方式	定额扣除	定额扣除	
扣除标准	400 元/月 最长不能超过 48 个月	3 600 元	
扣除主体	1. 本人扣除； 2. 个人接受本科（含）以下学历（学位）继续教育，可以选择由其父母扣除		
注意事项	1. 对同时接受多个学历继续教育，或者同时取得多个职业资格证书的，只需填报其中一个即可。但如果同时存在学历继续教育、职业资格继续教育两类继续教育情形，则每一类都要填写； 2. 纳税人接受技能人员职业资格继续教育、专业技术人员职业资格继续教育的，应当留存相关证书等资料备查		

刘洁 1 月支付了在职研究生第二学年的学费 35 000 元，根据上述相关规定，其 1 月可扣除继续教育专项附加扣除费用 400 元。

（四）购买首套住房贷款利息

1. 享受条件

纳税人本人或其配偶单独或共同使用商业银行或住房公积金个人住房贷款为本人或其配偶购买中国境内住房，发生的首套住房贷款利息支出。

2. 标准方式

在实际发生贷款利息的年度，按照每月1 000元的标准定额扣除，扣除期最长不超过240个月。纳税人只能享受一次首套住房贷款的利息扣除。

纳税人及其配偶婚前各自购买住房发生首套住房贷款的，婚后可以选择一方的住房，由贷款人按照每月1 000元扣除；或者由夫妻双方分别按照每月500元对各自发生的住房贷款利息支出扣除。具体扣除方法在一个纳税年度内不能变更。

具体内容如表5-8所示。

表5-8 购买首套住房贷款利息专项附加扣除政策归纳表

扣除范围	纳税人本人或其配偶单独或共同使用商业银行或住房公积金个人住房贷款为本人或其配偶购买中国境内住房，发生的首套住房贷款利息支出
	实际发生贷款利息的年度（不超过240月）
扣除方式	定额扣除
扣除标准	1 000元/月
扣除主体	1. 经夫妻双方约定，可以选择由其中一方扣除，具体扣除方式在一个纳税年度内不能变更； 2. 夫妻双方婚前分别购买住房发生的首套住房贷款利息，婚后可选择其中一套房，由购买方按扣除标准的100%扣除，或对各自购买住房分别按扣除标准的50%扣除，具体扣除方法在一个纳税年度内不能变更
注意事项	1. 所称首套住房贷款是指购买住房享受首套住房贷款利率的住房贷款； 2. 纳税人应当留存住房贷款合同、贷款还款支出凭证备查。

根据本节"任务导入"资料，刘洁夫妇俩婚后共同购买了首套住房，每月按揭贷款月供费用8 500元，因此刘洁与丈夫约定房贷专项扣除费用由自己纳税申报扣除。根据上述相关规定，刘洁1月可扣除购买首套住房贷款利息1 000元。

（五）租房居住的房屋租金

1. 享受条件

在主要工作城市租房，且同时符合以下条件：

（1）本人及配偶在主要工作的城市没有自有住房；

（2）已经实际发生了住房租金支出；

（3）本人及配偶在同一纳税年度内，没有享受购买首套住房贷款利息专项附加扣除政策。

也就是说，购买首套住房贷款利息与租房居住的房屋租金两项扣除政策只能享受其中一项，不能同时享受。

2. 标准方式

（1）直辖市、省会（首府）城市、计划单列市及国务院确定的其他城市：每月 1 500 元。

（2）除上述城市以外的，市辖区户籍人口超过 100 万人的城市：每月 1 100 元。

（3）除上述城市以外的，市辖区户籍人口不超过 100 万人（含）的城市：每月 800 元。

如果夫妻双方主要工作城市相同，只能由一方扣除，且为签订住房租赁合同的承租人来扣除；如果夫妻双方主要工作城市不同，且无房，可按规定标准分别进行扣除。

3. 起止时间

租赁合同（协议）约定的房屋租赁期开始的当月至租赁期结束的当月。

提前终止合同（协议）的，以实际租赁行为终止的月份为准。

具体内容如表 5-9 所示。

表 5-9 租房居住的房屋租金专项附加扣除政策归纳表

扣除范围	纳税人在主要工作城市没有自有住房而发生的住房租金支出		
	直辖市、省会城市、计划单列市及国务院确定的其他城市	市辖区户籍人口＞100 万人	市辖区户籍人口≤100 万人
扣除方式	定额扣除		
扣除标准	1 500 元/月	1 100 元/月	800 元/月
扣除时间	1. 租赁合同（协议）约定的房屋租赁期开始的当月至租赁期结束的当月； 2. 提前终止合同（协议）的，以实际租赁行为终止的月份为准		
扣除主体	1. 签订租赁合同的承租人； 2. 夫妻双方主要工作城市相同，只能由一方（即承租人）扣除； 3. 夫妻双方主要工作城市不同，且无房，可按规定标准分别进行扣除		
注意事项	1. 纳税人及其配偶在一个纳税年度内不能同时分别享受购买首套住房贷款利息和租房居住的房屋租金专项附加扣除； 2. 纳税人应当留存住房租赁合同、协议等有关资料备查		

（六）大病医疗

1. 享受条件

大病医疗可抵扣的专项附加扣除是指医保目录范围内的医药费用支出扣除医保报销后的个人自付部分。

纳税人发生的医药费用支出可以选择由本人或者其配偶扣除；未成年子女发生的医药费用支出可以选择由其父母一方扣除。

2. 标准方式

在一个纳税年度内，扣除医保报销后个人负担累计超过 15 000 元的部分，在年度汇算清缴时，在 80 000 元内据实扣除，即可抵扣的金额为 15 000 元＜扣除费用≤80 000 元，扣除金额上限为每年80 000元。

纳税人及其配偶、未成年子女发生的医药费用支出，按规定分别计算扣除额。

3. 起止时间

医疗保障信息系统记录的医药费用实际支出的当年。

拓展链接11：大病医疗相关附加扣除政策。

根据本节"任务导入"环节相关内容，1月刘洁住院在医保报销后个人承担了10 000元医药费，没有超过规定的自付15 000元的限额，不属于专项附加扣除的范围。此外还应注意，即使居民个人当年因大病医疗在医保报销后，每次个人自付部分超过15 000元的支付限额，也不是在发生的月份扣除，而是在年度汇算清缴时扣除该超额部分医疗费用。

任务实施

综上所述，刘洁当年1月可扣除的专项附加扣除费用如下：赡养老人2 000元、子女教育费用1 000元、继续教育400元、购买首套住房贷款利息1 000元，合计4 400元，全年总计52 800元。

任务拓展

案例 5-3

资料：请根据北京商贸公司员工李云龙的下列相关资料，计算李云龙当年1月累计专项附加扣除费用。

（1）父母健在，父亲55岁，母亲53岁，父母开了一家小吃店。

（2）去年12月购买了首套商品房，首付4 500 000元，按揭贷款每月还款3 200元。

（3）本人工作之余在读成人专升本，学制两年，去年9月刚入学，每年学费6 000元。

（4）婚姻状况：已婚，孩子本月刚出生，由李云龙妻子与岳母共同照料。

【案例分析】

（1）李云龙父母均未达到60岁，目前不需要其提供赡养，无专项附加扣除费用。

（2）购买商品房一套，每月专项附加扣除费用为1 000元。

（3）李云龙在中国境内接受继续教育的支出，在继续教育期间按照每月400元定额扣除。

（4）李云龙的第一个孩子本月刚出生，尚未接受任何形式的教育，因此不符合子女教育专项附加扣除规定，无扣除费用。

【案例解析】

根据上述分析中的第 2、第 3 项内容，李云龙当年 1 月专项附加扣除费用为 1 400 元。

案例 5-4

请根据北京商贸公司员工张大彪的下列相关资料，计算张大彪当年 1—2 月累计专项附加扣除费用。

（1）张大彪有两个妹妹张霞、张红，父亲去世多年，母亲 72 岁，行动不便，主要由两个妹妹负责照顾，张大彪节假日前去妹妹家探望母亲。张大彪兄妹三人约定赡养老人的专项附加扣除由两个妹妹，即张霞与张红申报。

（2）张大彪已婚，育有一子。孩子今年上幼儿园小班。

（3）与妻子共同购买住房两套，第一套住房按揭贷款已经还清，第二套住房每月按揭贷款本息合计 6 300 元。

【案例分析】

（1）张大彪兄妹三人约定赡养老人的专项附加扣除由两个妹妹，即张霞、张红申报。因此，张大彪赡养老人专项附加扣除费用为 0 元。

（2）儿子刚上幼儿园小班，每月子女教育专项附加扣除费用为 1 000 元。

（3）只有购买首套住房贷款利息才可享受专项附加扣除，因此张大彪购买的第二套住房贷款利息不能享受利息专项附加扣除政策。

【案例解析】

根据上述分析的第 2 项内容，张大彪当年 1—2 月累计专项附加扣除费用为 2 000 元。

案例 5-5

请根据北京商贸公司员工赵刚的相关资料，计算赵刚当年 1—6 月累计专项附加扣除费用。

（1）父母健在，父亲今年 61 岁，母亲 57 岁。赵刚为独子。

（2）已婚，育有一对龙凤胎，两个孩子目前 10 岁，上小学三年级。赵刚和妻子约定子女教育费专项附加扣除费用由夫妻俩分别申报。

（3）赵刚夫妇目前尚未购买住房，一直在两个孩子学校附近租房居住，房屋租赁合同由赵刚妻子与中介、房东三方签订，每月房租 9 800 元。

【案例分析】

（1）赵刚母亲年龄未满60岁，不符合专项附加扣除费用条件；父亲年满60岁，且赵刚为独子，因此本年每月赡养父亲的专项附加扣除费用为2 000元。

（2）赵刚夫妇约定夫妇分别申报子女教育专项附加扣除费用，因此赵刚本年度每月子女教育专项附加扣除费用为1 000元。

（3）赵刚夫妇无房而租房居住，北京市作为直辖市住房租金专项附加扣除费用为每月1 500元。但按相关规定只能由签订住房租赁合同的承租人，即赵刚妻子来扣除，赵刚不能扣除。

【案例解析】

根据上述分析中的第1、第2、第3项内容，赵刚当年1—6月的专项附加扣除费用为18 000元。

案例 5-6

请根据北京商贸公司员工楚云飞的下列相关资料，计算楚云飞当年1—12月其累计专项附加扣除费用。

（1）楚云飞兄弟二人，父母健在，年龄均超过60岁；其与弟弟约定二人平均分担赡养父母的费用开支。

（2）育有一子，今年上小学五年级。

（3）租房居住，每月房租4 500元。

【案例分析】

（1）根据相关法律法规规定，父母健在且均年满60周岁，每月赡养父母二人的专项附加扣除费用是2 000元。楚云飞兄弟二人约定共同赡养父母，因此楚云飞每月赡养父母专项附加扣除费用为1 000元。

（2）每月子女教育专项附加扣除费用为1 000元。

（3）北京是首都，作为北京商贸公司员工的楚云飞住房租金专项附加扣除费用为1 500元。

【案例解析】

根据上述分析中的第1、第2、第3项内容，楚云飞当年1—12月累计专项附加扣除费用为42 000元。

任务 5.3　工资、薪金预扣预缴个人所得税的计算

任务导入

资料：2020 年，北京商贸公司员工相关月份累计收入、累计减除费用、累计专项扣除及累计专项附加扣除金额统计表如表 5-10 所示。

表 5-10　2020 年北京商贸公司员工相关月份累计收入、累计减除费用、
累计专项扣除及累计专项附加扣除金额统计表

单位：元

姓名	所属时间	项目内容及金额			
		累计收入	累计减除费用	累计专项扣除	累计专项附加扣除
李云龙	1 月	8 000	5 000	1 839.68	1 400
张大彪	1—2 月	15 200	10 000	1 896	2 000
孔捷	1—3 月	21 600	15 000	5 814	3 000
赵刚	1—6 月	57 200	30 000	12 843	18 000
楚云飞	1—12 月	247 300	60 000	50 139.9	42 000
刘洁	1—12 月	52 900	60 000	8 136	52 800

已知居民个人综合所得额适用税率表如表 4-3 所示。

要求：在不考虑其他因素的情况下，请根据上述资料和相应的税率，计算出表 5-11 空格栏目中李云龙 1 月、张大彪 1—2 月、孔捷 1—3 月、赵刚 1—6 月、楚云飞及刘洁 1—12 月累计预扣预缴应纳税所得额及累计应预扣预缴所得税额（答案保留至小数点后两位数字）。

表 5-11　累计应预扣预缴所得税额计算表

单位：元

姓名	所属时间	项目内容及金额					
		累计收入	累计减除费用	累计专项扣除	累计专项附加扣除	累计预扣预缴应纳税所得额	累计应预扣预缴所得税额
李云龙	1 月	8 000	5 000	1 839.68	1 400		
张大彪	1—2 月	15 200	10 000	1 896	2 000		
孔捷	1—3 月	21 600	15 000	5 814	3 000		
赵刚	1—6 月	57 200	30 000	12 843	18 000		
楚云飞	1—12 月	247 300	60 000	50 139.9	42 000		
刘洁	1—12 月	52 900	60 000	8 136	52 800		

任务分析

个人所得税的扣缴义务人向居民个人支付工资、薪金所得时，按照累计预扣法计算预扣税款，执行累计预扣预缴，使用7级超额累进预扣率并按月办理扣缴个人所得税纳税申报。在计算本期应预扣预缴所得税额时，先要计算累计预扣预缴应纳税所得额。具体公式如下：

累计预扣预缴应纳税所得额=累计收入-累计免税收入-累计减除费用-累计专项扣除-累计专项附加扣除-累计依法确定的其他扣除

本期应预扣预缴所得税额=（累计预扣预缴应纳税所得额×预扣率-速算扣除数）-累计减免税额-累计已预扣预缴税额

> **知识链接：**
> （1）《中华人民共和国个人所得税法》规定，工资、薪金所得适用超额累进税率为3%~45%。
> （2）《中华人民共和国个人所得税法》规定，居民个人的综合所得，以每一年纳税年度收入额减除费用60 000元，以及专项扣除、专项附加扣除和依法规定的其他扣除后的余额为应纳税所得额。全年减除费用60 000元平均到各月，相当于每月扣除5 000元费用。因此，个人所得税税率的起征点为5 000元，5 000元以上的，适用相应的税率。
> （3）根据《国家税务总局关于发布〈个人所得税扣缴申报管理办法（试行）〉的公告》（国家税务总局公告2018年第61号）第六条的规定，扣缴义务人向居民个人支付工资、薪金所得时，应当按照累计预扣法计算预扣税款，并按月办理扣缴申报。

任务实施

根据任务要求，在不考虑有其他收入或减税、免税及累计依法确定的其他扣除的情况下，累计预扣预缴应纳税所得额=累计收入-累计免税收入-累计减除费用-累计专项扣除-累计专项附加扣除-累计依法确定的其他扣除

（1）计算北京商贸公司各位员工相应月份的累计预扣预缴应纳税所得额。

李云龙1月累计预扣预缴应纳税所得额=8 000-5 000-1 839.68-1 400=-239.68（元）

张大彪1—2月累计预扣预缴应纳税所得额=15 200-10 000-1 896-2 000=1 304（元）

孔捷1—3月累计预扣预缴应纳税所得额=21 600-15 000-5 814-3 000=-2 214（元）

赵刚1—6月累计预扣预缴应纳税所得额=57 200-30 000-12 843-18 000=-3 643（元）

楚云飞1—12月累计预扣预缴应纳税所得额=247 300-60 000-50 139.9-42 000=95 160.10（元）

刘洁 1—12 月累计预扣预缴应纳税所得额=52 900-60 000-8 136-52 800=-68 036（元）

（2）计算北京商贸公司员工相应月份应预扣预缴个人所得税额。

根据上述计算，李云龙、孔捷、赵刚、刘洁相应月份的累计预扣预缴应纳税所得额为负数，因此他们的应预扣预缴所得税额为 0 元。

其中，刘洁 1—12 月累计综合所得为 52 900 元，按《个人所得税法》的规定，全年综合所得收入低于 60 000 元的，不计算缴纳个人所得税。

现计算张大彪、楚云飞相应月份的应预扣预缴所得税额：

本期应预扣预缴所得税额=（累计预扣预缴应纳税所得额×预扣率-速算扣除数）-累计减免税额-累计已预扣预缴税额

张大彪 1—2 月应预扣预缴所得税额=1 304×3%-0=39.12（元）

楚云飞 1—12 月应预扣预缴所得税额=95 160.10×10%-2 520=6 996.01（元）

因此，"任务导入"环节表格 5-12 空格栏目内容填写如表 5-12 所示。

表 5-12 累计应预扣预缴所得税额计算表

单位：元

姓名	所属时间	累计工资、薪金收入	累计减除费用	累计专项扣除	累计专项附加扣除	累计预扣预缴应纳税所得额	累计应预扣预缴所得税额
李云龙	1 月	8 000	5 000	1 839.68	1 400	-239.68	0
张大彪	1—2 月	15 200	10 000	1 896	2 000	1 304	39.12
孔捷	1—3 月	21 600	15 000	5 814	3 000	-2 214	0
赵刚	1—6 月	57 200	30 000	12 843	18 000	-3 643	0
楚云飞	1—12 月	247 300	60 000	50 139.9	42 000	95 160.10	6 996.01
刘洁	1—12 月	52 900	60 000	8 136	52 800	-68 036	0

任务拓展

案例 5-7

北京某公司职员孙某，2021 年 1 月取得工资、薪金所得 25 000 元，个人缴纳的三险一金合计 4 600 元。孙某为独生女，名下无房。在不考虑其他因素的情况下，请计算孙某所在公司对孙某 1 月、2 月、3 月各月工资、薪金所得应预扣预缴所得税额。

【案例分析】

（1）根据案例所提供的信息，可得出孙某 1 月应纳税所得额中可扣除费用如下：

① 孙某 1 月可扣减的减除费用为 5 000 元。

② 专项扣除（三险一金）为 4 600 元。

③ 根据题意，无专项附加扣除。

④ 应纳所得税额 = 25 000-5 000-4 600=15 400（元）

（2）孙某 2021 年 2 月应预扣预缴个人所得税额如下。

① 孙某 2 月累计可扣减的减除费用为 10 000 元。

② 2 月累计专项扣除（三险一金）为 9 200 元。

③ 根据题意，无专项附加扣除。

④ 2 月份扣除项总计为 19 200 元。

2021 年 1—2 月孙某累计应预扣预缴应纳税所得额

=累计收入-累计免税收入-累计减除费用-累计专项扣除-累计专项附加扣除-累计依法确定的其他扣除

=25 000×2 -5 000×2- 4 600×2=30 800（元）

（3）2021 年 1—3 月孙某累计应预扣预缴应纳税所得额

=累计收入-累计免税收入-累计减除费用-累计专项扣除-累计专项附加扣除-累计依法确定的其他扣除

=25 000×3 -5 000×3-4 600×3=46 200（元）

【案例解析】

（1）根据"案例分析"的内容，孙某 1 月应纳税所得额为 15 400 元，根据综合所得税率表，居民综合所得在依法扣除相应项目后不超过 36 000 元的，适用税率为 3%，因此 2021 年孙某 1 月应预扣预缴个人所得税为 462 元（15 400×3%）。

（2）根据"案例分析"的内容，2021 年 1—2 月孙某累计应预扣预缴应纳税所得额为 30 800 元，根据居民个人综合所得额税率表，居民综合所得在依法扣除相应项目后应纳税所得额不超过 36 000 元的，适用税率为 3%，因此

2021 年孙某 1—2 月累计应预扣预缴个人所得税=（累计预扣预缴应纳税所得额×预扣率-速算扣除数）-累计减免税额-累计已预扣预缴税额=30 800×3%-462=462（元）。

（3）根据"案例分析"内容，2021 年 1—3 月孙某累计应预扣预缴应纳税所得额为 46 200 元，根据综合所得税率表，居民综合所得在依法扣除相应项目后应纳税所得额在 36 000 元及 144 000 元之间的，适用税率为 10%，因此

2021 年孙某 1—3 月累计应预扣预缴个人所得税=（累计预扣预缴应纳税所得额×预扣率-速算扣除数）-累计减免税额-累计已预扣预缴税额

=46 200×10%-2 520-462-462=1 176（元）

任务 5.4　劳务报酬所得预扣预缴个人所得税的计算

任务导入

小明在一个月时间内对税法知识进行了突击学习，对个人所得税的相关知识有了不少了解，她现在每天依然坚持在工作之余对照税法教材学习，相信功夫不负有心人！这天正当小明整理笔记的时候，领导又来找她："小明，咱们单位本月特聘的刘工程师为咱们提供咨询服务，需要支付给他6 000元的劳务费，你看看，刘工程师的这笔收入是否应该由咱们公司代扣代缴个人所得税？"

任务分析

一、概念

劳务报酬所得，是指个人从事劳务取得的所得。

二、劳务报酬所得的征税对象

劳务报酬所得是指个人从事设计、装潢、安装、制图、化验、测试、医疗、法律、会计、咨询、讲学、翻译、审稿、书画、雕刻、影视、录音、录像、演出、表演、广告、展览、技术服务、介绍服务、经济服务、代办服务及其他劳务取得的所得。

三、劳务报酬所得的纳税义务人与扣缴义务人

劳务报酬所得的纳税义务人为获得劳务报酬的自然人，扣缴义务人为支付劳务报酬的雇主。等年度汇算清缴时，再与其全年的工资、薪金所得合并在一起计算，税额多退少补。

四、劳务报酬所得与工资、薪金所得的判断标准

判断某笔收入是劳务报酬所得还是工资、薪金所得，判断标准是当事人与支付劳务报酬的单位（雇主）之间是否存在雇佣关系。工资、薪金所得是指个人因任职或者受雇取得的工资、薪金、奖金、年终加薪、劳动分红、津贴、补贴，以及与任职或者受雇有关的其他所得，个人与单位之间存在雇佣关系。劳务报酬所得是指个人从事劳务取得的所得，个人与支付所得的单位（雇主）之间不存在雇佣关系。

劳务报酬所得与工资、薪金所得的不同收入来源属于何种税目之区别如表5-13所示。

表5-13 劳务报酬所得与工资、薪金所得的不同收入来源属于何种税目之区别

职业类型	收入来源	税目
与单位有固定雇佣关系的员工	在单位从事本职工作	工资、薪金所得
	在单位之外从事与职业相关工作	劳务报酬所得或经营所得
受雇于律师个人	为律师个人工作所得	劳务报酬所得
证券经纪人、保险经纪人	佣金所得	劳务报酬所得

（1）劳务报酬所得计税时按取得劳务报酬的次数计算。

（2）劳务报酬所得计税时可扣减的费用：每次劳务报酬所得不超过4 000元的，扣减800元费用；每次劳务报酬所得超过4 000元的，扣减20%的费用。

（3）劳务报酬所得预扣预缴应纳所得税额的计算方法如下：

① 每次劳务报酬所得不超过4 000元时，

　　预扣预缴应纳所得税额=（劳务报酬所得-800）×预扣率-速算扣除数

② 每次劳务报酬所得超过4 000元时，

　　预扣预缴应纳所得税额=劳务报酬所得×（1-20%）×预扣率-速算扣除数

③ 居民个人劳务报酬所得税预扣预缴税率表如表4-6所示。

> **政策依据：**
>
> （1）《国家税务总局关于个人兼职和退休人员再任职取得收入如何计算征收个人所得税问题的批复》（国税函〔2005〕382号）规定：个人兼职取得的收入应按照劳务报酬所得项目缴纳个人所得税。
>
> （2）《国家税务总局关于律师事务所从业人员取得收入征收个人所得税有关业务问题的通知》（国税发〔2000〕149号）规定：律师以个人名义再聘请其他人员为其工作而支付的报酬，应由该律师按劳务报酬所得项目负责代扣代缴个人所得税。
>
> （3）《关于个人所得税法修改后有关优惠政策衔接问题的通知》（财税〔2018〕164号）规定：保险营销员、保险经纪人取得的佣金收入，属于劳务报酬所得。

五、劳务报酬所得的个人所得税扣缴义务人及应纳税所得额的计算方法

《国家税务总局关于全面实施新个人所得税法若干征管衔接问题的公告》（国家税务总局公告2018年第56号）规定：扣缴义务人向居民个人支付劳务报酬所得、稿酬所得、特许权使用费所得，按次或者按月预扣预缴个人所得税，具体预扣预缴方法如下。

劳务报酬所得、稿酬所得、特许权使用费所得以收入减除费用后的余额为收入额。其中，稿酬所得的收入额减按70%计算。

减除费用：劳务报酬所得、稿酬所得、特许权使用费所得每次收入不超过4 000元的，减除费用按800元计算；每次收入在4 000元以上的，减除费用按20%计算。

应纳税所得额：劳务报酬所得、稿酬所得、特许权使用费所得，以每次收入额为预扣预缴应纳税所得额。劳务报酬所得适用 20%～40%的超额累进预扣率，稿酬所得、特许权使用费所得适用 20%的比例预扣率。

劳务报酬所得预扣预缴应纳所得税额=预扣预缴应纳税所得额×预扣率-速算扣除数

任务实施

刘工程师不是北京商贸公司的员工，被北京商贸公司特聘提供专业咨询服务，并支付其 6 000 元的劳务费。该笔收入为刘工程师的劳务报酬所得，对劳务报酬所得由聘用单位在支付劳务报酬时，代扣代缴个人所得税，因此北京商贸公司应对该笔收入应纳所得税额进行代扣代缴。待年度汇算清缴时，该笔劳务报酬再由刘工程师的工作单位与刘工程师全年的工资、薪金所得合并在一起，税额多退少补。

任务拓展

案例 5-8

M 大学洪教授 2021 年 10 月获得如下收入。
（1）M 大学支付 10 月工资、薪金共 17 674 元。
（2）从甲企业获得咨询费 3 000 元。
（3）从 S 大学取得讲课费 5 000 元。
（4）为某设计公司提供设计图六份，获得设计费 4 500 元。
（5）在出版社发表书稿一部，出版社支付 12 650 元。
（6）将自己的专利提供给设计公司有偿使用，设计公司支付报酬 9 000 元。
请分析洪教授的上述收入的性质分别是什么？

【案例分析】

工资、薪金所得是指个人因任职或者受雇取得的工资、薪金、奖金、年终加薪、劳动分红、津贴、补贴，以及与任职或者受雇有关的其他所得，个人与单位之间存在雇佣关系。劳务报酬所得是指个人从事劳务取得的所得，个人与支付所得的单位（雇主）之间不存在雇佣关系。二者的主要区别是是否存在雇佣关系。稿酬所得是指个人因其作品以图书、报刊等形式出版、发表而取得的所得。特许权使用费所得是指个人提供专利权、商标权、著作权、非专利技术及其他特许权的使用权取得的所得。

【案例解析】

根据上述分析得出下列结论。

（1）M 大学支付 10 月工资、薪金共 17 674 元，为本职工作的报酬，因此该笔收入为工资、薪金所得。

（2）从甲企业获得咨询费 3 000 元，为非本职工作的报酬，而是为其他单位或个人提供劳务所获得的报酬，该笔收入为劳务报酬所得。

（3）从 S 大学取得讲课费 5 000 元，为非本职工作的报酬，而是为其他单位或个人提供劳务所获得的报酬，该笔收入为劳务报酬所得。

（4）为某公司提供设计服务，获得设计费 4 500 元，为非本职工作的报酬，而是为其他单位或个人提供劳务所获得的报酬，该笔收入为劳务报酬所得。

（5）在出版社发表书稿一部，出版社支付 12 650 元。个人因其作品以图书、报刊等形式出版、发表而取得的所得为稿酬所得，该笔收入为稿酬所得。

（6）将自己的专利提供给设计公司有偿使用，设计公司支付报酬 9 000 元，该笔收入为特许权使用费所得。

案例 5-9

这个月人力资源部的李云龙为其他单位进行了一次员工培训，为期两天，获得报酬 3 000 元。李云龙很激动，跑到办公室问小明有关税收的问题。李云龙该笔劳务报酬所得是否需要纳税，如何纳税？该笔劳务报酬应预扣预缴多少税额？

【案例解析】

李云龙的收入属于劳务报酬所得，需要预扣预缴个人所得税。

根据税法规定，居民取得劳务报酬所得 3 000 元，小于 4 000 元，可抵扣 800 元的费用。李云龙劳务报酬所得预扣预缴应纳税所得额为 2 200 元。

应预扣预缴税额：2 200×20%=440（元）

李云龙的该笔劳务报酬所得由支付劳务报酬的单位先预扣预缴，等年度汇算清缴时，再与李云龙在北京商贸公司的全年工资、薪金所得合并在一起计算，税额多退少补。

案例 5-10

居民甲 2021 年度取得 3 次劳务报酬所得，分别为 3 600 元、31 000 元和 65 000 元，请计算各次应预扣预缴税额。

【案例分析】

每次劳务报酬所得不超过 4 000 元的，扣减 800 元费用；每次劳务报酬所得超过 4 000 元的，扣减 20%的费用。

【案例解析】

（1）第一次劳务报酬所得：3 600 元＜4 000 元，扣除 800 元费用。

预扣预缴应纳税所得额：3 600-800=2 800（元）

预扣预缴应纳税额：2 800×20%=560（元）

（2）第二次劳务报酬所得：31 000 元＞4 000 元，扣除 20%费用。

预扣预缴应纳税所得额：31 000×（1-20%）=24 800（元）

预扣预缴应纳税额：24 800×30%-2 000=5 440（元）

（3）第三次劳务报酬所得：65 000 元＞4 000 元，扣除 20%费用。

预扣预缴应纳税所得额：65 000×（1-20%）=52 000（元）

预扣预缴应纳所得税额：52 000×40%-7 000=13 800（元）

任务 5.5　特许权使用费所得预扣预缴个人所得税的计算

任务导入

财务部的孔捷是公司一位心灵手巧的小伙子，他大学所学专业是财务管理，在工作后账务处理得又快又好。此外，他还是公司有名的高科技男，不仅拥有 3 项专利权，还申请了两个商标并获得批准。这天他来找小明："小明，H 公司前两天和我签了合同，想购买我研制的新型浓缩剂，用于他们公司的新产品。我们约定，如果产品使用我的浓缩剂商标，我不仅要收浓缩剂的货款，还要另收 15 000 元的商标使用费。最后 H 公司决定使用我的商标，已把资金转给我。小明，这 15 000 元的商标使用费是否要纳税，需要缴纳多少？我具体应该怎么缴税？"

任务分析

一、概念

特许权使用费所得是指个人提供专利权、商标权、著作权、非专利技术及其他特许权的使用权取得的所得；提供著作权的使用权取得的所得，不包括稿酬所得。

二、几种特殊的特许权使用费所得的规定

（1）作者将自己的文字作品手稿原件或复印件拍卖取得的所得，按照特许权使用费所得项目缴纳个人所得税。

（2）个人取得专利赔偿所得，按照特许权使用费所得项目缴纳个人所得税。

（3）对于剧本作者从电影、电视剧的制作单位取得的剧本使用费，不再区分剧本的使用方是否为其任职单位，统一按特许权适用费所得项目计征个人所得税。

三、特许权使用费所得的纳税义务人与扣缴义务人

特许权使用费所得的纳税义务人为获得特许权使用费的自然人，扣缴义务人为支付特许权使用费的人或单位。等年度汇算清缴时，再与纳税义务人全年的工资、薪金所得合并在一起计算，税额多退少补。

四、特许权使用费所得预扣预缴个人所得税的计算

（1）特许权使用费所得计税时按取得特许权使用费的次数计算。

（2）特许权使用费收入计税时可扣减的费用：每次特许权使用费所得不超过4 000元的，扣减800元费用；每次特许权使用费所得超过4 000元的，扣减20%的费用。

（3）特许权使用费所得预扣预缴应纳所得税额的计算方法如下：

① 每次特许权使用费所得不超过4 000元时，

预扣预缴应纳所得税额=（特许权使用费所得-800元）×预扣率-速算扣除数

② 每次特许权使用费所得超过4 000元时，

预扣预缴应纳所得税额=特许权使用费所得×（1-20%）×预扣率-速算扣除数

任务实施

因为H公司生产的新产品用了孔捷的浓缩剂商标，因此孔捷收取的商标使用费实质上是特许权使用费，按法律规定应交缴纳个人所得税。

本任务中孔捷特许权使用费所得为15 000元，大于4 000元，可以减除20%的费用。因此，孔捷特许权使用费所得预扣预缴应纳所得税额为2 400元[15 000×（1-20%）×20%]。

该笔特许权使用费所得的预扣预缴应纳所得税额2 400元应由H公司代为预扣预缴，等年度汇算清缴时，再与孔捷全年的工资、薪金所得合并在一起计算，税额多退少补。

任务拓展

案例 5-11

请问下列各案例中，属于特许权使用费所得的情况有哪几个？

（1）作家王鑫本月从电视剧制作中心取得剧本使用费 20 000 元。

（2）演员孙明明从所属单位某文工团领取 5 月份工资 10 390 元。

（3）科研工作者张宏在法院的支持下，获得专利赔偿费用 30 260 元。

（4）知名作家刘亮将自己的文字作品手稿原件拍卖，取得 200 000 元收入。

（5）专利权人李克辉与 M 公司签订合同，允许 M 公司 2022 年使用自己的专利技术，收取 30 000 元费用。

（6）画家孙道林将书画作品结集成册，以图书的形式出版，获得 50 000 元收入。

【案例分析】

特许权使用费所得是指个人提供专利权、商标权、著作权、非专利技术及其他特许权的使用权取得的所得。在特许权使用费所得中有几点特殊规定，作者将自己的文字作品手稿原件或者复印件拍卖取得的所得，按照特许权使用费所得项目缴纳个人所得税。对于剧本作者从电影、电视剧的制作单位取得的剧本使用费，不再区分剧本的使用方是否为其任职单位，统一按特许权使用费所得项目缴纳个人所得税。本题的考查内容是特许权使用费所得的含义及范围。

【案例解析】

案例中（1）、（3）、（4）、（5）这几个案例属于特许权使用费所得；案例（2）属于工资、薪金所得；案例（6）属于稿酬所得。

任务 5.6　稿酬所得预扣预缴个人所得税的计算

任务导入

总裁办的赵刚平时就喜欢写小说，被同事们戏称为赵作家。前一段时间，赵刚在网上连载的小说被某出版社看中，双方签订了出版合同。赵刚开心地说自己小赚一笔，获得了稿酬 100 000 元。这天他激动地跑来问小明，他这笔稿酬是否要纳税？该怎么纳税？

任务分析

一、概念

稿酬所得是指个人因其作品以图书、报刊等形式出版、发表而取得的所得。作品包括文字作品、书画作品、摄影作品及其他作品。

二、稿酬所得的纳税义务人与扣缴义务人

稿酬所得的纳税义务人为获得稿酬收入的作者或者作者去世后著作权的继承人。稿酬所得的扣缴义务人为向居民支付稿酬所得的人或单位。

三、预扣预缴个人所得税的计算

稿酬所得以每次收入额为预扣预缴应纳税所得额，税率是20%。对于稿酬所得，每次不足4 000元的，可扣减800元费用；每次超过4 000元的，可扣减20%的费用。稿酬所得减按70%计算。

（1）每次稿酬所得不足4 000元时，

$$预扣预缴应纳所得税额=（稿酬所得-800）\times 70\% \times 20\%$$

（2）每次稿酬所得超过4 000元时，

$$预扣预缴应纳所得税额=稿酬所得\times（1-20\%）\times 70\% \times 20\%$$

> **知识链接**：稿酬所得，属于一次性收入的，以取得该项收入为一次；属于同一项目连续性收入的，以一个月内取得的收入为一次。
>
> 国家税务总局关于印发《征收个人所得税若干问题的规定》的通知，国税发〔1994〕89号，第四条规定：
>
> （一）个人每次以图书、报刊方式出版、发表同一作品（文字作品、书画作品、摄影作品以及其他作品），不论出版单位是预付还是分笔支付稿酬，或者加印该作品后再付稿酬，均应合并其稿酬所得按一次计征个人所得税。在两处或两处以上出版、发表或再版同一作品而取得稿酬所得，则可分别各处取得的所得或再版所得按分次所得计征个人所得税。
>
> （二）个人的同一作品在报刊上连载，应合并其因连载而取得的所有稿酬所得为一次，按税法规定计征个人所得税。在其连载之后又出书取得稿酬所得，或先出书后连载取得稿酬所得，应视同再版稿酬分次计征个人所得税。
>
> （三）作者去世后，对取得其遗作稿酬的个人，按稿酬所得征收个人所得税。
>
> 《中华人民共和国个人所得税法实施条例》第十八条　两个以上的个人共同取得同一项目收入的，应当对每个人取得的收入分别按照个人所得税法的规定计算纳税。

任务实施

赵刚的收入属于稿酬所得，需要缴纳个人所得税。

赵刚个人取得稿酬所得 100 000 元，大于 4 000 元，可减除的费用为 20%，另外对稿酬所得减按 70%计算。

应纳税所得额：100 000×（1-20%）×70%=56 000（元）

预扣预缴应纳所得税额：56 000×20%=11 200（元）

赵刚的该笔稿酬由出版社先预扣预缴，等年度汇算清缴时，再与赵刚全年的工资、薪金所得合并计算，税额多退少补。

任务拓展

案例 5-12

假如某居民个人取得稿酬所得 40 000 元，则这笔稿酬所得应预扣预缴的个人所得税为多少？

【案例分析】

某居民个人取得稿酬所得 40 000 元，大于 4 000 元，可减除的费用为 20%，另外对稿酬所得减按 70%计算。

【案例解析】

应纳税所得额：40 000×（1-20%）×70%=22 400（元）

预扣预缴应纳所得税额：22 400×20%=4 480（元）

案例 5-13

张某为境内知名作家，2021 年 9 月出版短篇小说集一本，取得稿酬 50 000 元，请问对张某的该笔稿酬所得应预扣预缴的个人所得税为多少？

【案例分析】

张某取得稿酬所得 50 000 元，大于 4 000 元，可减除的费用为 20%，另外对稿酬所得减按 70%计算。

【案例解析】

应纳税所得额=50 000×（1-20%）×70%=28 000（元）

预扣预缴应纳所得税额：28 000×20%=5 600（元）

案例 5-14

某国内作家的一篇小说在某晚报的副刊上连载，2—4月获得的稿酬收入分别是3 500元、4 100元、2 900元。请问，该作家三个月所获得的稿酬应缴纳多少个人所得税？

【案例分析】

根据规定，"连载所得，在连载期间应合并为一次计算缴纳个人所得税"，三个月连载的稿酬所得合计大于4 000元，因此可减除的费用为20%，另外对稿酬所得减按70%计算。

【案例解析】

应纳税所得额=（3 500+4 100+2 900）×（1-20%）×70%=5 880（元）

预扣预缴应纳所得税额=5 880×20%=1 176（元）

任务 5.7 全年一次性奖金个人所得税的计算

任务导入

你的年终奖都发了吗？发了多少？到手多少？税都扣对了吗？按规定，年终奖可按全年一次性奖金申报缴纳个人所得税。什么是全年一次性奖金？全年一次性奖金应纳个人所得税又该如何计算？

2021年12月，北京商贸公司向员工发放全年一次性奖金，部分员工全年一次性奖金及收入情况如表5-14所示，请计算这几位员工全年一次性奖金应交的个人所得税。

表 5-14 部分员工全年一次性奖金及收入情况表

单位：元

员工姓名	全年工资、薪金所得	专项扣除	专项附加扣除	全年一次性奖金
楚云飞	247 300	50 139.9	42 000	100 000
张大彪	93 700	11 376	12 000	20 000
刘洁	52 900	8 136	52 800	5 000

任务分析

一、什么是全年一次性奖金

全年一次性奖金是指行政机关、企事业单位等扣缴义务人根据其全年经济效益和对雇员全年工作业绩的综合考核情况,向雇员发放的一次性奖金。

全年一次性奖金也叫年终奖,但不限于年终发放,可以是一年发放一次的综合性奖金,包括年终加薪、实行年薪制和绩效工资办法的单位根据考核情况兑现的年薪和绩效工资,不包括半年奖、季度奖、加班奖、先进奖、考勤奖。

二、全年一次性奖金如何计算

目前,全年一次性奖金可以选择"并入当年综合所得计算纳税"和"不并入当年综合所得,单独计算纳税"两种计税方式。

方式一:居民个人取得全年一次性奖金,符合《国家税务总局关于调整个人取得全年一次性奖金等计算征收个人所得税方法问题的通知》(国税发〔2005〕9号)规定的,在2021年12月31日前,不并入当年综合所得,以全年一次性奖金除以12个月得到的数额,按照月度税率表,确定适用税率和速算扣除数,单独计算纳税。计算公式如下:

$$应纳所得税额=全年一次性奖金×适用税率-速算扣除数$$

方式二:居民个人取得全年一次性奖金,可以选择并入当年综合所得计算纳税。

> **知识链接:**
>
> 2021年12月29日,李克强主持召开国务院常务会议,决定延续实施部分个人所得税优惠政策。
>
> 为减轻个人所得税负担,缓解中低收入群体压力,会议决定:一是将全年一次性奖金不并入当月工资、薪金所得,实施按月单独计税的政策延至2023年年底;二是将年收入不超过12万元且需补税或年度汇算补税额不超过400元的免予补税政策延至2023年年底;三是将上市公司股权激励单独计税政策延至2022年年底。上述政策一年可减税1 100亿元。

任务实施

1. 为楚云飞计算全年应纳个人所得税

(1) 如果选择全年一次性奖金100 000元单独计算纳税:

① 全年一次性奖金分摊到12个月:

3 000<100 000÷12<12 000

② 确定适用税率和速算扣除数：适用税率为10%，速算扣除数为210元。

③ 全年一次性奖金应纳个人所得税：

100 000×10%-210=9 790（元）

④ 综合所得应纳个人所得税：

（247 300-60 000-50 139.9-42 000）×10%-2 520=6 996.01（元）

⑤ 全年应纳个人所得税：

6 996.01+9 790=16 786.01（元）

（2）如果选择将全年一次性奖金 100 000 元并入 2021 年综合所得计算纳税：

① 全年应纳税所得额：247 300-60 000-50 139.9-42 000+100 000=195 160.1（元）

② 确定适用税率和速算扣除数：适用税率为20%，速算扣除数为16 920元。

③ 全年应纳个人所得税：

195 160.1×20%-16 920=22 112.02（元）

结论：16 786.01元<22 112.02元，应选择将全年一次性奖金单独计算纳税。

2. 为张大彪计算全年应纳个人所得税

（1）如果选择全年一次性奖金 20 000 元单独计算纳税：

① 全年一次性奖金分摊到12个月：

20 000÷12<3 000

② 确定适用税率和速算扣除数：适用税率为3%，速算扣除数为0元。

③ 全年一次性奖金应纳个人所得税：

20 000×3%-0=600（元）

④ 综合所得应纳个人所得税：

（93 700-60 000-11 376-12 000）×3%-0=309.72（元）

⑤ 全年应纳个人所得税：

600+309.72=909.72（元）

（2）如果选择将全年一次性奖金 20 000 元并入 2021 年综合所得计算纳税：

① 全年应纳税所得额：93 700-60 000-11 376-12 000+20 000=30 324（元）

② 确定适用税率和速算扣除数：适用税率为3%，速算扣除数为0元。

③ 全年应纳个人所得税：

30 324×3%-0=909.72（元）

结论：两种计算方法全年应纳个人所得税相同，都是909.72元，可选择任意一种。

3. 为刘洁计算全年应纳个人所得税

（1）如果选择全年一次性奖金 5 000 元单独计算纳税：

① 全年一次性奖金分摊到 12 个月：

5 000÷12<3 000

② 确定适用税率和速算扣除数：适用税率为 3%，速算扣除数为 0 元。

③ 全年一次性奖金应纳个人所得税：

5 000×3%-0=150（元）

④ 综合所得应纳个人所得税：

52 900-60 000-8 136-52 800=-68 036<0，无须纳税。

⑤ 全年应纳个人所得税为 150 元。

（2）如果选择将全年一次性奖金 5 000 元并入 2021 年综合所得计算纳税：

① 全年应纳税所得额：

52 900-60 000-8 136-52 800+5 000=-63 036<0，无须纳税。

② 全年应纳个人所得税为 0 元。

结论：应选择将全年一次性奖金并入综合所得计算。

任务拓展

案例 5-15

2021 年 12 月，A 公司发年终奖，发给张某 144 000 元，发给赵某 144 001 元，发给王某 160 500 元；假设该公司选择不并入当年综合所得单独计算纳税。分析三人的年终奖纳税情况。

【案例解析】

1. 张某的实际纳税情况

（1）全年一次性奖金分摊到 12 个月：

144 000÷12=12 000（元）

（2）确定适用税率和速算扣除数：适用税率为 10%，速算扣除数为 210 元。

（3）计算应纳个人所得税：

144 000×10%-210=14 190（元）

（4）代扣代缴税款后张某实际到手：

144 000-14 190=129 810（元）

2. 赵某的实际纳税情况

（1）全年一次性奖金分摊到12个月：

144 001÷12≈12 000.08（元）

（2）确定适用税率和速算扣除数：适用税率为20%，速算扣除数为1 410元。

（3）计算应纳个人所得税：

144 001×20%-1 410=27 390.2（元）

（4）代扣代缴税款后赵某实际到手：

144 001-27 390.2=116 610.8（元）

3. 王某的实际纳税情况

（1）全年一次性奖金分摊到12个月：

160 500÷12=13 375（元）

（2）确定适用税率和速算扣除数：适用税率为20%，速算扣除数为1 410元。

（3）计算应纳个人所得税：

160 500×20%-1 410=30 690（元）

（4）代扣代缴税款后王某实际到手：

160 500-30 690=129 810（元）

通过比较可以看出，虽然赵某比张某多发1元年终奖，但扣税后拿到手的奖金反而比张某少13 199.2元（129 810-116 610.8）；虽然王某比张某多发16 500元，但扣税后拿到手的奖金和张某一样多，均为129 810元。

拓展链接12：全年一次性奖金的雷区。

案例5-16

假设刘某除在A公司任职外，还在另一家B公司兼职。2021年，两家公司都给刘某发了30 000元年终奖，并且都按全年一次性奖金申报纳税。请计算刘某的年终奖应交的个人所得税。

【案例解析】

两家公司分别预扣预缴：

（1）全年一次性奖金分摊到12个月：

30 000÷12=2 500（元）

（2）确定适用税率和速算扣除数：适用税率为3%，速算扣除数为0元。

（3）应纳个人所得税：

30 000×3%-0=900（元）

因此，刘某一共应交1 800元的个人所得税。

> **知识链接**：全年一次性奖金只能用一次，如果纳税人有两处全年一次性奖金，只能选择一处单独计算个人所得税，另外一处并入综合所得计税。当然，选择哪笔作为全年一次性奖金单独计算，纳税人可自行选择，其他各笔并入综合所得计算纳税；也可以全部并入综合所得计算纳税。

由于两家公司发的年终奖都是30 000元，假设A公司的年终奖单独计税，B公司的年终奖并入综合所得计算纳税，又假设刘某在未取得年终奖前，2021全年应纳税所得额为78 000元（已减除各项扣除），已预缴5 280元个人所得税税款，那么刘某取得的两处年终奖共60 000元实际需要缴纳多少个人所得税呢？

A公司的年终奖单独计税，应纳个人所得税为900元；B公司的年终奖应并入综合所得计算纳税。

综合所得应纳个人所得税：

（78 000+30 000）×10%-2 520=8 280（元）

刘某全年应纳个人所得税：

900+8 280=9 180（元）

延伸思考：如果这两家公司给刘某发放的年终奖金额不一样，该如何选择？

提示：选择小的那笔并入综合所得计算纳税，大的那笔单独计税，这样的话可以节约税金。

任务5.8 一次性补偿收入个人所得税的计算

任务导入

在个人所得税计算中，有三类一次性收入在计算个人所得税的时候很容易让人混淆，分别是解除劳动关系、提前退休、内部退养的一次性补偿收入，这三种一次性补偿收入虽然都是单独计税的，但方法大相径庭。

2021年10月，北京商贸公司因为增效减员与已经在单位工作10年的王楠解除劳动合同，公司支付王楠一次性补偿金300 000元。其中，支付补偿金时缴纳基本养老保险1 000元、基本医疗保险800元、失业保险500元、住房公积金600元（以上均在税法允许扣除范围之内），当地上一年度职工平均工资为 61 404 元，请计算王楠就该笔一次性补偿收入应缴纳的个人所得税。

任务分析

一、经济补偿金的法律规定

劳动者与用人单位有《中华人民共和国劳动合同法》规定的法定情形时，可以依法解除或终止劳动关系。用人单位与劳动者解除劳动关系时，用人单位应当根据劳动者的工作年限，给予劳动者一定的经济补偿金。

二、纳税规定

个人与用人单位解除劳动关系取得一次性补偿收入（包括用人单位发放的经济补偿金、生活补助费和其他补助费），在当地上一年度职工平均工资 3 倍数额以内的部分，免征个人所得税；超过 3 倍数额的部分，不并入当年综合所得，单独适用综合所得税率表，计算纳税。

该项制度的执行，需要明确以下三点。

（1）可以税前限额扣除的一次性补偿收入应当符合法律的规定。对超出法律规定补偿的部分，无论是否超出当地上一年度职工平均工资 3 倍数额，均不得免征个人所得税。

（2）对全部符合法律规定的一次性补偿金额，以当地上一年度职工平均工资的 3 倍为限，免征个人所得税。当地上一年度职工平均工资按照《中华人民共和国劳动合同法》规定，为直辖市或设区的市政府公布的本地区上一年度职工平均工资。

（3）超出法律规定补偿的部分，以及合法补偿金额超过当地上一年度职工平均工资 3 倍的部分，不并入当年综合所得，单独适用综合所得税率表，计算纳税。不再执行《国家税务总局关于个人因解除劳动合同取得经济补偿金征收个人所得税问题的通知》（国税发〔1999〕178 号）规定，按照最长不超过 12 个工作年限均分为月收入后，计税合计。

（4）个人领取一次性补偿收入时按照国家和地方政府规定的比例实际缴纳的住房公积金、基本医疗保险费、基本养老保险费、失业保险费，可以在计征其一次性补偿收入的个人所得税时予以扣除。

三、计算公式

2019 年 1 月 1 日起，个人与用人单位解除劳动关系取得的一次性补偿收入应纳个人所得税的计算公式如下：

解除劳动关系取得的一次性补偿收入应纳个人所得税=（一次性补偿收入-3×当地上一年度职工平均工资-实际缴纳住房公积金、基本医疗保险费、基本养老保险费、失业保险费）×税率

任务实施

1. 确定免征点

一次性补偿收入在当地上一年度职工平均工资 3 倍数额以内的部分 184 212 元（61 404×3），免征个人所得税。

2. 计算应纳税所得额

超过 3 倍数额部分的一次性补偿收入，单独适用综合所得税率表计算纳税。且按照国家和地方政府规定的比例实际缴纳的住房公积金、基本医疗保险费、基本养老保险费、失业保险费，可以在计征其一次性补偿收入的个人所得税时予以扣除。

应纳税所得额=300 000-61 404×3-600-800-1 000-500=112 888（元）

3. 确定适用税率和速算扣除数

按照综合所得税率表确定：适用税率为 10%，速算扣除数为 2 520 元。

4. 计算税款

应纳所得税额=112 888×10%-2 520=8 768.8（元）

任务拓展

案例 5-17

北京商贸公司员工张某 2021 年 9 月提前 2 年退休，取得提前退休一次性补偿收入 200 000 元，请计算张某该笔补偿收入应缴纳的个人所得税。

【案例分析】

个人办理提前退休手续而取得的一次性补偿收入，应按照办理提前退休手续至法定离退休年龄的实际年度数平均分摊，确定适用税率和速算扣除数，单独适用综合所得税率表，计算纳税。计算公式如下：

应纳所得税额=[（一次性补偿收入÷办理提前退休手续至法定退休年龄的实际年度数-费用扣除标准）×适用税率-速算扣除数]×办理提前退休手续至法定退休年龄的实际年度数

【案例解析】

应纳所得税额=[（200 000÷2-5 000×12）×10%-2 520]×2=2 960（元）

案例 5-18

王某 2021 年 5 月出境定居，一次性领取年金 120 000 元。

问题：计算该项收入应纳个人所得税多少？

【案例分析】

（1）个人办理内部退养手续而取得的一次性补偿收入的个人所得税计算。

实行内部退养的个人在其办理内部退养手续后至法定离退休年龄之间从原任职单位取得的工资、薪金所得，不属于离退休工资，应按工资、薪金所得项目计征个人所得税。

个人在办理内部退养手续后，从原任职单位取得的一次性补偿收入，应按办理内部退养手续后至法定离退休年龄之间的所属月份进行平均，并与领取当月的工资、薪金所得合并后减除当月费用扣除标准，以余额为基数确定适用税率，再将当月工资、薪金所得加上取得的一次性补偿收入，减去费用扣除标准，按适用税率计征个人所得税。

（2）个人达到国家规定的退休年龄领取的企业年金、职业年金，符合《财政部 人力资源社会保障部 国家税务总局关于企业年金 职业年金个人所得税有关问题的通知》（财税〔2013〕103 号）规定的，不并入综合所得，全额单独计算纳税。其中，按月领取的，适用月度税率表计算纳税；按季领取的，平均分摊计入各月后适用月度税率表计算纳税；按年领取的，适用综合所得税率表计算纳税。

个人因出境定居而一次性领取的年金个人账户资金，或个人死亡后，其指定的受益人或法定继承人一次性领取的年金个人账户余额，适用综合所得税率表计算纳税。对个人除上述特殊原因外一次性领取年金个人账户资金或余额的，适用月度税率表计算纳税。

【案例解析】

按综合所得税率表，确定适用税率为 10%，速算扣除数为 2 520 元。

应纳所得税额：120 000×10%-2 520=9 480（元）

任务 5.9　其他一次性收入个人所得税的计算

任务导入

在税务实践中，我们还会遇到其他一次性收入的情形，如 2021 年 7 月，北京商贸公司将本公司开发的市场价为 3 000 000 元的一套住房按照 2 400 000 元的价格销售给刘洁，那么该如何计算该笔业务刘洁应纳的个人所得税呢？

任务分析

根据住房制度改革政策的有关规定，国家机关、企事业单位及其他组织（以下简称单位）在住房制度改革期间，按照所在地县级以上人民政府规定的房改成本价格向职工出售公有住房，职工因支付的房改成本价格低于房屋建造成本价格或市场价格而取得的差价收益，免征个人所得税。

除上述情形外，根据《中华人民共和国个人所得税法》及其实施条例的有关规定，单位按低于购置或建造成本价格出售住房给职工，职工因此而少支出的差价部分，属于个人所得税应税所得，应按照工资、薪金所得项目缴纳个人所得税。

差价部分是指职工实际支付的购房价款低于该房屋的购置或建造成本价格的部分。

单位按低于购置或建造成本价格出售住房给职工，职工因此而少支出的差价部分，符合《财政部 国家税务总局关于单位低价向职工售房有关个人所得税问题的通知》（财税〔2007〕13号）第二条规定的，不并入当年综合所得，以差价收入除以12个月得到的数额，按照月度税率表确定适用税率和速算扣除数，单独计算纳税。计算公式如下：

应纳所得税额=职工实际支付的购房价款低于该房屋的购置或建造成本价格的差额×适用税率-速算扣除数

任务实施

（1）个人所得税应纳税所得额=（3 000 000-2 400 000）÷12=50 000（元）

按月度税率表，确定适用税率为30%，速算扣除数为4 410元。

（2）应纳所得税额=（3 000 000-2 400 000）×30%-4 410=175 590（元）

任务拓展

在税务实践中，有一些一次性补偿收入是免征个人所得税的。

（1）企业依照国家有关法律规定宣告破产，企业职工从该破产企业取得的一次性安置费收入，免征个人所得税。

（2）对工伤职工及其近亲属按照《工伤保险条例》（国务院令〔2010〕第586号）规定取得的工伤保险待遇，免征个人所得税。

所称的工伤保险待遇，包括工伤职工按照《工伤保险条例》（国务院令〔2010〕第586号）规定取得的一次性伤残补助金、伤残津贴、一次性工伤医疗补助金、一次性伤残就业补助金、工伤医疗待遇、住院伙食补助费、外地就医交通食宿费用、工伤康复费用、辅助器具费用、生活护理费等，以及职工因工死亡，其近亲属按照《工伤保险条例》（国务院令〔2010〕第586号）规定取得的丧葬补助金、供养亲属抚恤金和一次性工亡补助金等。

（3）个人实际领（支）取原提存的基本养老保险金、基本医疗保险金、失业保险金和住房公积金时，免征个人所得税。

（4）对自主就业的退役士兵，由部队发给一次性退役金，一次性退役金由中央财政专项安排；地方人民政府可以根据当地实际情况给予经济补助，经济补助标准及发放办法由省、自治区、直辖市人民政府规定。

一次性退役金和一次性经济补助按照国家规定免征个人所得税。

任务 5.10 居民个人综合所得汇算清缴业务的办理

任务导入

根据前面任务资料，2021年北京商贸公司员工全年累计收入、累计预扣预缴的个人所得税情况如表5-15所示。

表5-15 北京商贸公司员工全年累计收入、累计预扣预缴的个人所得税情况表

姓名	全年累计收入	累计减除费用	累计专项扣除	累计专项附加扣除	累计应纳税所得额	累计预扣预缴个人所得税
李云龙	98 500	60 000	22 076.16	16 800	-376.16	0
张大彪	93 700	60 000	11 376	12 000	10 324	309.72
孔捷	88 900	60 000	23 256	12 000	-6 356	0
赵刚	115 900	60 000	25 686	36 000	-5 786	0
楚云飞	247 300	60 000	50 139.9	42 000	95 160.1	6 996.01
刘洁	52 900	60 000	8 136	52 800	-68 036	0

同时，本年度李云龙为其他单位进行了一次员工培训，为期两天，获得报酬3 000元，已预扣预缴220元个人所得税；财务部的孔捷收到15 000元的商标使用费，属于特许权使用费所得，取得收入时已预扣预缴2 400元个人所得税；总裁办的赵刚出版了一本小说，获得了稿酬100 000元，已预扣预缴11 200元个人所得税。

2021年12月，北京商贸公司向员工发放全年一次性奖金，部分员工全年一次性奖金及收入情况如表5-14所示。

针对取得多项收入的情况在年度汇算清缴时应如何处理的问题，大家都很迷茫，领导要

求人力资源部李云龙为员工再次进行培训，带领大家顺利完成缴纳个人所得税的任务，成为一名合格的纳税人。

任务分析

一、什么是综合所得？综合所得如何计算个人所得税

（1）居民个人取得的工资、薪金所得；劳务报酬所得；稿酬所得；特许权使用费所得称为综合所得。综合所得按纳税年度合并计算个人所得税。

注：综合所得仅针对居民个人，对非居民个人称之为前四项所得。

（2）综合所得的税款计算顺序：

① 把全年所有的工资、薪金所得 80%的劳务报酬，56%[（1-20%）×70%]的稿酬，80%的特许权使用费加在一起；

② 扣除 60 000 元；

③ 扣除三险一金专项扣除；

④ 扣除全年专项附加扣除；

⑤ 扣除全年捐款、年金、商业健康险等允许扣除或减免的项目；

⑥ 确定适用税率及速算扣除数；

⑦ 扣除符合条件的境外税款。

二、年度个人所得税综合所得汇算清缴相关政策

1. 什么是年度汇算清缴

依据税法规定，年度终了后，居民个人（以下简称"纳税人"）需要汇总纳税年度1月1日至12月31日取得的工资、薪金，劳务报酬，稿酬，特许权使用费等四项所得（综合所得）的收入额，减除费用 60 000 元，以及专项扣除、专项附加扣除、依法确定的其他扣除和符合条件的公益慈善事业捐赠（以下简称"捐赠"）后，确定综合所得个人所得税税率并减去速算扣除数，计算本年度最终应纳的个人所得税，再减除纳税年度已预缴的税额，计算应退或者应补税额，向税务机关办理申报并进行税款结算。具体计算公式如下：

应退或应补税额=[（综合所得-60 000-三险一金等专项扣除-子女教育等专项附加扣除-依法确定的其他扣除-捐赠）×适用税率-速算扣除数]-年度已预缴税额

注：依据税法规定，年度汇算不涉及财产租赁等分类所得。

居民个人取得全年一次性奖金，符合《国家税务总局关于调整个人取得全年一次性奖金等计算征收个人所得税方法问题的通知》（国税发〔2005〕9号）规定的，可以选择不并入当

年综合所得，也可以选择并入计税。

2. 无须办理年度汇算的纳税人

经国务院批准，依据《财政部 税务总局关于个人所得税综合所得汇算清缴涉及有关政策问题的公告》（财务部 税务总局公告 2019 年第 94 号）有关规定，纳税人在纳税年度已依法预缴个人所得税且符合下列情形之一的，无须办理年度汇算：

（1）年度汇算需补税但综合所得收入全年不超过 12 万元的；

（2）年度汇算需补税金额不超过 400 元的；

（3）已预缴税额与年度应纳所得税额一致的；

（4）符合年度汇算退税条件但不申请退税的。

3. 需要办理年度汇算的纳税人

依据税法规定，符合下列情形之一的，纳税人需要办理年度汇算：

（1）已预缴税额大于年度应纳所得税额且申请退税的；

（2）综合所得收入全年超过 12 万元且需要补税金额超过 400 元的。

因适用所得项目错误或者扣缴义务人未依法履行扣缴义务，造成纳税年度内少申报或者未申报综合所得的，纳税人应当依法据实办理年度汇算。

4. 可享受的税前扣除

下列在纳税年度内发生的，且未申报扣除或未足额扣除的税前扣除项目，纳税人可在年度汇算期间填报扣除或补充扣除：

（1）纳税人及其配偶、未成年子女符合条件的大病医疗支出；

（2）纳税人符合条件的赡养老人、子女教育、继续教育、购买首套住房贷款利息或租房居住的房屋租金专项附加扣除，以及减除费用、专项扣除、依法确定的其他扣除；

（3）纳税人符合条件的捐赠支出。

5. 办理时间

年度汇算时间为纳税年度次年的 3 月 1 日至 6 月 30 日。在中国境内无住所的纳税人在 3 月 1 日前离境的，可以在离境前办理年度汇算。

6. 办理方式

纳税人可自主选择下列办理方式。

（1）自行办理年度汇算。

（2）通过任职受雇单位代为办理。

纳税人提出代办要求的，单位应当代为办理，或者培训、辅导纳税人通过网上税务局（包括手机个人所得税 App）完成年度汇算申报和退（补）税。

由单位代为办理的，纳税人应在纳税年度次年的 4 月 30 日前与单位以书面或者电子等方式进行确认，补充提供其纳税年度在本单位以外取得的综合所得收入、相关扣除、享受税收优惠等信息资料，并对所提交信息的真实性、准确性、完整性负责。纳税人未与单位确认请其代为办理年度汇算的，单位不得代办。

（3）委托涉税专业服务机构或其他单位及个人（以下简称"受托人"）办理，受托人需要与纳税人签订授权书。

单位或受托人为纳税人办理年度汇算清缴后，应当及时将办理情况告知纳税人。纳税人发现申报信息存在错误的，可以要求单位或受托人办理更正申报，也可自行办理更正申报。

7. 办理渠道

为便利纳税人，税务机关为纳税人提供了高效、快捷的网络办税渠道。纳税人可优先通过网上税务局办理年度汇算，税务机关将按规定为纳税人提供申报表预填服务；不方便通过上述方式办理的，也可以通过邮寄方式或到办税服务厅办理。

8. 申报信息及资料留存

纳税人办理年度汇算的，适用个人所得税年度自行纳税申报表，如需修改本人相关基础信息，新增享受扣除或者税收优惠的，还应按规定一并填报相关信息。纳税人需仔细核对，确保所填信息真实、准确、完整。

纳税人、代办年度汇算的单位，需各自将年度汇算申报表，以及纳税人综合所得收入、扣除、已缴税额或税收优惠等相关资料，自年度汇算期结束之日起留存 5 年。

9. 接受年度汇算申报的税务机关

按照方便就近原则，纳税人自行办理或受托人为纳税人代为办理年度汇算的，向纳税人任职受雇单位的主管税务机关申报；有两处及以上任职受雇单位的，可自主选择向其中一处申报。

纳税人没有任职受雇单位的，向其户籍所在地、经常居住地或者主要收入来源地的主管税务机关申报。主要收入来源地是指纳税人纳税年度内取得的劳务报酬、稿酬及特许权使用费三项所得累计收入最大的扣缴义务人所在地。

单位为纳税人代办年度汇算的，向单位的主管税务机关申报。

10. 年度汇算的退税、补税

（1）办理退税。

纳税人申请年度汇算退税，应当提供其在中国境内开设的符合条件的银行账户。税务机关按规定审核后，按照国库管理有关规定，在接受年度汇算申报的税务机关所在地（即汇算清缴地）就地办理税款退库。纳税人未提供本人有效银行账户，或者提供的信息资料有误的，税务机关将通知纳税人更正，纳税人按要求更正后依法办理退税。

为方便纳税人获取退税，综合所得全年收入额不超过 60 000 元且已预缴个人所得税的，税务机关在网上税务局提供便捷退税功能。纳税人可以在次年的 3 月 1 日至 6 月 30 日，通过简易申报表办理年度汇算退税。

申请年度汇算退税的纳税人，如存在应当办理以前年度汇算补税但未办理，或者经税务机关通知以前年度汇算申报存在疑点但拒不更正或说明情况的，需在办理以前年度汇算申报补税、更正申报或者说明有关情况后依法申请退税。

（2）办理补税。

纳税人办理年度汇算补税的，可以通过网上银行、办税服务厅 POS 机刷卡、银行柜台、非银行支付机构等方式办理。邮寄申报并补税的，纳税人需通过网上税务局或者主管税务机关办税服务厅及时关注申报进度并缴纳税款。

纳税人因申报信息填写错误造成年度汇算多退或少缴税款的，纳税人主动或经税务机关提醒后及时改正的，税务机关可以按照"首违不罚"原则免予处罚。

11. 年度汇算服务

税务机关推出系列优化服务措施，加强年度汇算的政策解读和操作辅导力度，分类编制办税指引，通俗解释政策口径、专业术语和操作流程，多渠道、多形式开展提示提醒服务，并通过手机个人所得税 App、网页端、12366 纳税服务平台等渠道提供涉税咨询服务，帮助纳税人解决办理年度汇算中的疑难问题，积极回应纳税人诉求。

为合理有序引导纳税人办理年度汇算，主管税务机关将分批分期通知提醒纳税人在确定的时间段内办理。纳税人如需提前或延后办理的，可与税务机关预约或通过网上税务局在年度汇算期内办理。对于独立完成年度汇算存在困难的年长、行动不便等特殊人群，由纳税人提出申请，税务机关可提供个性化年度汇算服务。

任务实施

根据上述政策及任务 5.7 中全年一次性奖金的计税问题，可以得出以下结论。

（1）北京商贸公司员工楚云飞虽然年收入超过 120 000 元，但其按累计预扣法计算预扣预缴税额与年度应纳所得税额一致，故无须办理汇算清缴。从个人税收筹划角度来看，其获得的全年一次性奖金选择单独计税的方法计算时，其全年个人所得税负担最小，计算方法与税额详见任务 5.7。

（2）张大彪全年收入没有超过 120 000 元，且其按累计预扣法计算预扣预缴税额与年度应纳所得税额一致，亦无须办理年度汇算清缴。其 20 000 元的全年一次性奖金，可选择单独计税或并入综合所得预扣预缴，其全年个人所得税负担不变，详见任务5.7。

（3）刘洁全年收入没有超过 120 000 元，且其按累计预扣法计算预扣预缴税额与年度应纳所得税额一致，亦无须办理年度汇算清缴，因其全年综合所得较低，扣除专项扣除及专项附加扣除后不足 60 000 元。从税收筹划的角度来讲，其 5 000 元的全年一次性奖金，应选择并入综合所得计税的方法，其全年个人所得税负担最小，详见任务5.7。

（4）李云龙、孔捷及赵刚因其全年已预扣预缴的税额大于年度应纳所得税额，故应进行年度汇算清缴，计算方法如下：

李云龙：全年应纳税所得额=98 500+3 000×80%-60 000-22 076.16-16 800=2 023.84（元）

全年应纳所得税额=2 023.84×3%=60.72（元）

因其工资、薪金所得全年预扣预缴 0 元个人所得税，其 3 000 元劳务报酬在取得时预扣预缴 220 元的个人所得税，所以应退税额为 159.28 元（220-60.72）。

孔捷：全年应纳税所得额=88 900+15 000×80%-60 000-23 256-12 000=5 644（元）

全年应纳所得税额=5 644×3%=169.32（元）

因其工资、薪金所得全年预扣预缴 0 元个人所得税，其 15 000 元的特许权使用费在取得时预扣预缴 2 400 元的个人所得税，所以应退税额为 2 230.68 元（2 400-169.32）。

赵刚：全年应纳税所得额=115 900+100 000×56%-60 000-25 686-36 000=50 214（元）

全年应纳所得税额=50 214×10%-2 520=2 501.4（元）

因其工资、薪金所得全年预扣预缴 0 元个人所得税，其 100 000 元稿酬所得在取得时预扣预缴 11 200 元个人所得税，所以应退税额为 8 698.6 元（11 200-2 501.4）。

任务拓展

案例 5-19

资料：（1）张华在 A 公司就职，2020 年每月的工资、薪金所得为 13 500 元，张华每月除由 A 公司扣除三险一金 2 560 元外，还通过企业缴付个人承担的企业年金 540 元，自行支付商业健康保险费 200 元。

（2）张华有一子一女，均在上小学，现与妻子约定由张华按 100%申报子女教育专项附加扣除。

（3）张华本人是在读 MBA 研究生。

（4）张华去年使用商业银行个人住房贷款（或住房公积金贷款）购买了首套住房，现处于偿还贷款期间，每月支付贷款利息 4 000 元，已与妻子约定由张华申报购买首套住房贷款利息专项附加扣除。

（5）张华在 B 公司每月取得劳务报酬 10 000 元。

计算张华在取得劳务报酬时预扣预缴的个人所得税。在汇算清缴时，张华如何进行个人所得税处理？

【案例分析】

（1）企业和事业单位根据国家有关政策规定的办法和标准，为在本单位任职或者受雇的全体职工缴付的企业年金或职业年金，单位缴费部分在计入个人账户时，个人暂不缴纳个人所得税。个人根据国家有关政策规定缴付的年金个人缴费部分，在不超过本人缴费工资计税基数的4%标准内的部分，暂从个人当期的应纳税所得额中扣除。

（2）对个人购买符合规定的商业健康保险产品的支出，允许在当年（月）计算应纳税所得额时予以税前扣除，扣除限额为 2 400 元/年（200 元/月）。单位统一为员工购买符合规定的商业健康保险产品的支出，应计入员工个人工资、薪金所得，视同个人购买，按上述限额予以扣除。

2 400 元/年（200 元/月）的限额扣除为《个人所得税法》规定减除费用标准之外的扣除。

（3）个人取得两处以上综合所得的，应分别由扣缴义务人进行全员全额扣缴申报，纳税人应选择一处扣除基本减除费用。

【案例解析】

（1）张华每月在 B 公司获得劳务报酬时预扣预缴个人所得税=10 000×（1-20%）×20%=1 600（元）

全年预扣预缴个人所得税=1 600×12=19 200（元）

（2）张华在 A 公司所得全年预扣预缴个人所得税=（13 500-5 000-2 560-540-200-2 000-400-1 000）×12×3%=648（元）

（3）汇算清缴时，

张华全年应纳税所得额=13 500×12+10 000×80%×12-60 000-2 560×12-540×12-200×12-2 000×12-400×12-1 000×12=117 600（元）

全年应纳所得税额=117 600×10%-2 520=9 240（元）

退税=9 240-19 200-648=-10 648（元）

所以汇算清缴时，张华应退税 10 648 元。

案例 5-20

资料：张三 2021 年度工资、薪金所得为 400 000 元，减除费用为 60 000 元，三险一金为 30 000 元，专项附加扣除为 50 000 元，无其他扣减项目。张三于 2021 年 12 月向取得公益性捐赠税前扣除资格的某基金会的某公益项目捐赠款项 100 000 元，并取得了捐赠票据。

要求：（1）若张三捐赠的为普通项目，计算分析张三 2021 年度缴纳个人所得税的情况。

（2）若张三向公益组织捐赠的是抗疫物资，计算分析其年度缴纳个人所得税的情况。

【案例分析】

（1）个人将其所得对教育、扶贫、济困等公益慈善事业进行捐赠，捐赠额未超过纳税人申报的应纳税所得额 30%的部分，可以从其应纳税所得额中扣除；国务院规定对公益捐赠全额税前扣除的，按照规定执行。个人同时发生按 30%扣除和全额扣除的公益捐赠支出，自行选择扣除次序。

居民个人取得工资、薪金所得的，可以选择在预扣预缴时扣除，也可以选择在年度汇算清缴时扣除。

居民个人选择在预扣预缴时扣除的，应按照累计预扣法计算扣除限额，其捐赠当月的扣除限额为截至当月累计应纳税所得额的 30%（全额扣除的从其规定，下同）。个人从两处以上取得工资、薪金所得的，选择其中一处扣除，选择后当年不得变更。

居民个人取得劳务报酬所得、稿酬所得、特许权使用费所得的，预扣预缴时不扣除公益捐赠支出，统一在汇算清缴时扣除。

（2）个人通过非营利性社会团体对下列事业的捐赠可以全额扣除：

① 支持新型冠状病毒感染的肺炎疫情防控有关捐赠；

② 向福利性、非营利性的老年服务机构的捐赠；

③ 向公益性青少年活动场所的捐赠；

④ 向教育事业的捐赠；

⑤ 向符合条件基金会的捐赠。

纳税人填报个人所得税年度自行纳税申报表（A 表）"准予扣除的捐赠额"时，填写居民个人按规定准予在税前扣除的公益慈善事业捐赠金额，并按规定附报《个人所得税公益慈善事业捐赠扣除明细表》，如表 5-16 所示。

表 5-16 个人所得税年度自行纳税申报表（A 表）

个人所得税年度自行纳税申报表（A 表）

（仅取得境内综合所得年度汇算适用）

税款所属期：　　　年　月　日至　　　年　月　日

纳税人姓名：

纳税人识别号：□□□□□□□□□□□□□□□□□-□□　　　金额单位：人民币元（列至角分）

基本情况				
手机号码		电子邮箱		邮政编码　□□□□□□
联系地址	____省（区、市）____市____区（县）_____街道（乡、镇）_____			
纳税地点（单选）				
1.有任职受雇单位的，需选本项并填写"任职受雇单位信息"：　□任职受雇单位所在地				
任职受雇单位信息	名称			
	纳税人识别号	□□□□□□□□□□□□□□□□□		
2.没有任职受雇单位的，可以从本栏次选择一地：　□户籍所在地　□经常居住地　□主要收入来源地				
户籍所在地/经常居住地/主要收入来源地	____省（区、市）____市____区（县）_____街道（乡、镇）_____			
申报类型（单选）				
□首次申报			□更正申报	
综合所得个人所得税计算				

项目	行次	金额
一、收入合计（第1行=第2行+第3行+第4行+第5行）	1	
（一）工资、薪金	2	
（二）劳务报酬	3	
（三）稿酬	4	
（四）特许权使用费	5	
二、费用合计　［第6行=（第3行+第4行+第5行）×20%］	6	
三、免税收入合计（第7行=第8行+第9行）	7	
（一）稿酬所得免税部分［第8行=第4行×（1-20%）×30%］	8	
（二）其他免税收入（附报《个人所得税减免事项报告表》）	9	
四、减除费用	10	
五、专项扣除合计（第11行=第12行+第13行+第14行+第15行）	11	
（一）基本养老保险费	12	
（二）基本医疗保险费	13	
（三）失业保险费	14	
（四）住房公积金	15	
六、专项附加扣除合计（附报《个人所得税专项附加扣除信息表》）（第16行=第17行+第18行+第19行+第20行+第21行+第22行）	16	
（一）子女教育	17	
（二）继续教育	18	
（三）大病医疗	19	
（四）住房贷款利息	20	

项目5 居民个人综合所得个人所得税的计算

续表

（五）住房租金	21	
（六）赡养老人	22	
七、其他扣除合计（第23行=第24行+第25行+第26行+第27行+第28行）	23	
（一）年金	24	
（二）商业健康保险（附报《商业健康保险税前扣除情况明细表》）	25	
（三）税延养老保险（附报《个人税收递延型商业养老保险税前扣除情况明细表》）	26	
（四）允许扣除的税费	27	
（五）其他	28	
八、准予扣除的捐赠额（附报《个人所得税公益慈善事业捐赠扣除明细表》）	29	
九、应纳税所得额 （第30行=第1行-第6行-第7行-第10行-第11行-第16行-第23行-第29行）	30	
十、税率（%）	31	
十一、速算扣除数	32	
十二、应纳税额（第33行=第30行×第31行-第32行）	33	
全年一次性奖金个人所得税计算 （无住所居民个人预判为非居民个人取得的数月奖金，选择按全年一次性奖金计税的填写本部分）		
一、全年一次性奖金收入	34	
二、准予扣除的捐赠额（附报《个人所得税公益慈善事业捐赠扣除明细表》）	35	
三、税率（%）	36	
四、速算扣除数	37	
五、应纳税额[第38行=（第34行-第35行）×第36行-第37行]	38	
税额调整		
一、综合所得收入调整额（需在"备注"栏说明调整具体原因、计算方式等）	39	
二、应纳税额调整额	40	
应补/退个人所得税计算		
一、应纳税额合计（第41行=第33行+第38行+第40行）	41	
二、减免税额（附报《个人所得税减免税事项报告表》）	42	
三、已缴税额	43	
四、应补/退税额（第44行=第41行-第42行-第43行）	44	
无住所个人附报信息		

纳税年度内在中国境内居住天数		已在中国境内居住年数	

退税申请
（应补/退税额小于0的填写本部分）

□ 申请退税（需填写"开户银行名称""开户银行省份""银行账号"）		□ 放弃退税	
开户银行名称		开户银行省份	
银行账号			

备注

续表

谨声明：本表是根据国家税收法律法规及相关规定填报的，本人对填报内容（附带资料）的真实性、可靠性、完整性负责。	
	纳税人签字：　　　　　　年　月　日
经办人签字： 经办人身份证件类型： 经办人身份证件号码： 代理机构签章： 代理机构统一社会信用代码：	受理人： 受理税务机关（章）： 受理日期：　　　　　　年　月　日

国家税务总局监制

【案例解析】

注：张三公益性捐赠支出可选择在12月预扣预缴个人所得税时扣除，也可选择在年度汇算清缴时扣除。为便于计算，选择于年度汇算清缴时扣除。

（1）公益捐赠扣除限额=（400 000-60 000-30 000-50 000）×30% =78 000（元）

张三实际捐赠金额为100 000元，大于78 000元，所以可税前扣除78 000元。

张三2021年应纳税所得额=400 000-60 000-30 000-50 000-78 000=182 000（元）

张三2021年应纳所得税额=182 000×20%-16 920=19 480（元）

（2）若捐赠的是抗疫物资，则可在税前全额扣除。

张三2021年应纳税所得额=400 000-60 000-30 000-50 000-100 000=160 000（元）

张三2021年应纳所得税额=160 000×20%-16 920=15 080（元）

案例 5-21

资料：张某及其妻子李某在北京工作，他们当年扣除三险一金后的年收入分别为550 000元和300 000元。他们关于个人所得税专项附加扣除的基本情况如下。

（1）两人名下在河北石家庄有一处房产，在北京每月发生固定租房支出（夫妻两人是共同承租人）。

（2）他们育有一子一女两个孩子，且两个孩子均正在接受九年义务教育。张某和女儿在当年由于身体不佳，分别支出大病医疗费用（医保目录范围内自付部分）150 000元和90 000元。

（3）张某和李某两人都是独生子女，而且两个人的父母都已经年满60周岁。

（4）张某在工作之余攻读了在职研究生，并且在今年通过了会计中级职称和经济师中级的考试，已经取得会计中级职称证书和经济师中级证书。

要求：

以家庭总税负最优为目的，选择专项附加扣除方式并计算相应个人所得税。

【案例分析】

个人所得税专项附加扣除一旦选择了具体的扣除方式，一个纳税年度内不能变更，所以在做出选择之前要进行税务筹划，做到最大限度的扣除，把握以下三个原则：

（1）相同扣除额度，谁的收入高谁来扣除；

（2）不同扣除额度，谁能扣除的多谁来扣除；

（3）不同扣除项目，哪个扣除额度高选择哪个。

【案例解析】

根据上文可知，本题目中住房租金、子女教育、大病医疗的专项附加扣除可选择由张某或者李某进行申报，一经选择，在一个纳税年度内不得变更，所以从家庭税务筹划的角度出发，如何选择才能使家庭本年度税收负担总额最少是本题解答的关键。

（1）可选择扣除方的专项附加扣除全部由张某扣除，计算年度家庭总的个人所得税负担（见表5-17）。

表5-17 张某作为专项附加扣除人情况下家庭总的个人所得税负担表

单位：元

项目	专项附加扣除人	专项附加扣除比例	张某	李某
减除专项扣除后工资收入			550 000	300 000
住房租金	张某	100%	18 000	0
子女教育	张某	100%	24 000	0
赡养老人	张某/李某	100%	24 000	24 000
继续教育	张某	100%	8 400	0
大病医疗	张某	100%	155 000	0
一次性年终奖			0	0
综合所得的应纳税所得额			260 600	216 000
其他计税所得额			0	0
全年应纳所得税额			35 200	26 280

张某综合所得的应纳税所得额=550 000-60 000-18 000-24 000-24 000-8 400-155 000=260 600（元）

张某全年应纳所得税额=260 600×20%-16 920=35 200（元）

李某综合所得的应纳税所得额=300 000-60 000-24 000=216 000（元）

李某全年应纳所得税额=216 000×20%-16 920=26 280（元）

家庭年度应纳所得税额=35 200+26 280=61 480（元）

> **知识链接**：大病医疗的扣除金额计算，张某135 000元（150 000-15 000），大于80 000元，所以可以扣除80 000元；女儿75 000元（90 000-15 000），小于80 000元，据实扣除；所以大病医疗本年度可扣除金额为155 000元（80 000+75 000）。

（2）可选择扣除方的专项附加扣除全部由李某扣除，计算年度家庭总的个人所得税负担（见表5-18）。

表5-18 李某作为专项附加扣除人情况下家庭总的个人所得税负担表

单位：元

项目	专项附加扣除人	专项附加扣除比例	张某	李某
减除专项扣除后工资收入			550 000	300 000
住房租金	李某	100%	0	18 000
子女教育	李某	100%	0	24 000
赡养老人	张某/李某	100%	24 000	24 000
继续教育	张某	100%	8 400	0
大病医疗	李某	100%	0	155 000
一次性年终奖			0	0
综合所得的应纳税所得额			457 600	19 000
其他计税所得额			0	0
全年应纳所得税额			84 360	570

张某综合所得的应纳税所得额=550 000-60 000-24 000-8 400=457 600（元）

张某全年应纳所得税额=457 600×30%-52 920=84 360（元）

李某综合所得的应纳税所得额=300 000-60 000-18 000-24 000-24 000-155 000=19 000（元）

李某全年应纳所得税额=19 000×3%-0=570（元）

家庭年度应纳所得税额=84 360+570=84 930（元）

（3）从以上计算可以得出，61 480元小于84 930元，所以从家庭税务筹划的角度看，本题目中住房租金、子女教育、大病医疗的专项附加扣除应选择由张某来进行申报，家庭总的税收负担最小。

案例 5-22

资料：中国居民个人李某是境内A公司的职员，2021年取得工资、薪金所得140 000元（已代扣三险一金）。2021年3月，李某在网上承揽境外甲国B公司的一项设计业务，通过互联网远程工作，2021年全年取得B公司支付的劳务报酬折合人民币200 000元。李某的劳务报酬所得已按甲国税法缴纳所得税15 000元、其他税收10 000元。

李某有一独生子女，2021年读初中二年级。李某自己也是独生子女，父母在2018年均超过60岁。2021年李某无其他按规定可申报的专项附加扣除。

问题：李某2022年3月进行汇算清缴时，应补（退）个人所得税多少元？

【案例分析】

根据《中华人民共和国个人所得税法》和《中华人民共和国个人所得税法实施条例》规定，居民个人从中国境内和境外取得的综合所得，应当合并按照中国个人所得税综合所得税率计算应纳所得税额。对境外某国家（地区）的抵免限额，按照居民个人从该国家（地区）取得的综合所得占全部境内、境外综合所得的比重，配比计算的抵免限额。

> 知识链接：
> 一是居民个人综合所得适用税率为7级超额累进税率3%～45%。
> 二是居民个人从中国境内和境外取得的综合所得，不是应纳税所得额，而是综合所得收入额。
> 三是居民个人来源于境内全部综合所得收入额和来源于境外全部国家（地区）综合所得收入额，应合并后按《个人所得税法》规定计算应纳所得税额。
> 四是按照居民个人来源某国家（地区）综合所得收入额占全部综合所得收入额的比重，计算确定某国家（地区）综合所得抵免限额，而不是占应纳税所得额的比重。

将居民个人取得境外综合所得抵免规定，转换成公式表达如下：

境内、境外全部综合所得应纳所得税额=（境内综合所得收入额+境外综合所得收入额-60 000-专项扣除-专项附加扣除-依法确定的其他扣除）×适用税率

某境外国家（地区）抵免限额=境内、境外全部综合所得应纳所得税额×某国家（地区）境外综合所得收入额÷（境内综合所得收入额+境外综合所得收入额）

【案例解析】

（1）李某在境外甲国取得的综合所得，按照甲国税法缴纳的所得税可以限额抵免，在甲国缴纳的其他税收不得抵免。

（2）李某境内、境外全部综合所得应纳所得税额。

境内工资、薪金所得为140 000元。

来源于甲国的劳务报酬所得=200 000×（1-20%）=160 000（元）

全部综合所得收入额=140 000+160 000=300 000（元）

境内境外全部综合所得应纳所得税额=（300 000-60 000-3 000×12）×20%-16 920=23 880（元）

（3）李某在境内预缴税额。

年度按累计预扣法预缴税额=（140 000-60 000-3 000×12）×10%-2 520=1 880（元）

（4）李某甲国抵免限额。

甲国抵免限额=境内、境外全部综合所得应纳所得税额×（甲国综合所得收入额/全部综合所得收入额）=23 880×（160 000/300 000）=12 736（元）

12 376 元<15 000 元，抵免限额为 12 736 元。

（5）李某汇算清缴应补（退）税额。

应补税额=23 880-1 880-12 736=9 264（元）

甲国未抵免税额=15 000-12 736=2 264（元）

可在以后 5 年内李某从甲国取得的所得抵免限额有余额时抵免。

项目 6

其他各类收入个人所得税的计算

> **知识目标**：了解其他各类收入的征税范围和适用税率。
> **能力目标**：能够正确计算其他各类收入的个人所得税。
> **情感目标**：理解我国个人所得税分类与综合相结合的征税模式。

任务 6.1 经营所得个人所得税的计算

任务导入

小明搞清楚了居民个人综合所得个人所得税的计算。2022年1月，她在计算自己2021年全年应纳所得税额时又遇到了新难题。小明平时喜欢烹饪，手艺还不错，就将公司的职工食堂承包了下来，承包合同规定承包期为3年。2021年，公司职工食堂实现承包经营利润250 000元（未扣除承包人工资），按承包合同规定小明每年应从经营利润中上缴承包费30 000元。小明不太清楚此类收入应如何在年末个人所得税申报中进行计算和缴纳。假设不考虑其他税费，小明承包公司职工食堂应缴纳多少个人所得税？

任务分析

一、经营所得征税范围

经营所得征税范围主要包括（但不限于）以下四个方面。

（1）个体工商户从事生产、经营活动取得的所得，个人独资企业投资人、合伙企业个人合伙人来源于境内注册的个人独资企业、合伙企业生产、经营的所得（个体工商户以业主为个人所得税的纳税义务人）。

（2）个人依法从事办学、医疗、咨询，以及其他有偿服务活动取得的所得。

（3）个人对企业、事业单位承包经营、承租经营，以及转包、转租取得的所得。

（4）个人从事其他生产、经营活动取得的所得。

二、适用税率

经营所得适用 5 级超额累进税率，税率为 5%～35%，具体如表 4-7 所示。

三、应纳税所得额及应纳所得税额的计算

（一）计算应纳税所得额

$$应纳税所得额=全年收入总额-成本、费用及损失$$

（1）取得经营所得的个人，没有综合所得的，计算其每一年度的应纳税所得额时，应当减除费用 60 000 元、专项扣除、专项附加扣除及其他扣除。

（2）个人独资企业和合伙企业对外投资分回的利息、股息、红利，不并入企业的收入，而应单独作为投资者个人取得的利息、股息、红利所得，按利息、股息、红利所得项目计算缴纳个人所得税。

（3）对企业、事业单位承包、承租经营所得，以每一年度的收入总额减除必要费用后的余额，为应纳税所得额。

（二）扣除项目

1. 个体工商户

生产经营费用，实际支付给从业人员的工资、薪金，按照国家标准为其业主和从业人员缴纳的三险一金，职工教育经费等。

2. 对企业、事业单位承包、承租经营所得

承租人、承包者的个人工资不能减除，在没有综合所得的情况下，可以每年减除 60 000 元必要费用。全年收入总额为纳税义务人按照承包经营、承租经营合同规定分得的经营利润。

（三）计算应纳所得税额

$$应纳所得税额=（全年收入总额-成本、费用及损失）\times 适用税率-速算扣除数$$

任务实施

2021 年，小明经营所得个人所得税的计算如下：

应纳税所得额=承包经营利润-上缴费用-每月必要费用扣除合计

$\quad\quad\quad$ =250 000-30 000-5 000×12

$\quad\quad\quad$ =160 000（元）

应纳所得税额=应纳税所得额×适用税率-速算扣除数

$\quad\quad\quad$ =160 000×20%-10 500

$\quad\quad\quad$ =21 500（元）

任务拓展

案例 6-1

李某承包了一家企业的招待所，按照合同规定，招待所的年经营利润全部归李某所有，但其每年应上缴承包费 20 000 元。李某每月可从经营收入中支取工资 6 000 元，同时李某在其他单位也取得了工资收入，并进行了工资、薪金所得的纳税申报。2021 年招待所实现经营利润 85 000 元，请问李某经营招待所应纳的个人所得税是多少？

【案例分析】

在计算应纳税所得额时应将个人工资加回到经营利润中，纳税人在其他单位也取得了工资收入，并进行了工资、薪金所得的纳税申报，因此在经营所得中不得扣除 60 000 元的必要费用。

【案例解析】

（1）计算应纳税所得额。

应纳税所得额=承包经营利润-承包上缴费用

=85 000+6 000×12-20 000

=137 000（元）

（2）计算应纳所得税额。

应纳所得税额=应纳税所得额×适用税率-速算扣除数

=137 000×20%-10 500

=16 900（元）

案例 6-2

胡某与李某在北京共同创办了一家合伙企业，合伙协议约定利润分配比例为胡某 60%、李某 40%。2021 年，合伙企业实现收入总额 10 000 000 元，成本费用 6 000 000 元。

胡某 2021 年无任何综合所得，实际缴纳基本养老保险和基本医疗保险 24 000 元，符合条件的专项附加扣除为 36 000 元。

李某在一家公司上班，2021 年的工资、薪金所得为 200 000 元，实际缴纳三险一金为 40 000 元，符合条件的专项附加扣除为 30 000 元，已由单位在发放工资预扣预缴个人所得税时进行了扣除。

请问：胡某与李某来源于合伙企业的经营所得应该缴纳多少个人所得税？

【案例分析】

根据税法的相关规定，合伙企业的投资者按照合伙企业的全部生产经营所得和合伙协议约定的分配比例，确定应纳税所得额，合伙协议未规定分配比例的，以全部生产经营所得和合伙人数量平均计算每个合伙人的应纳税所得额。

【案例解析】

（1）计算合伙企业的应纳税所得额。

合伙企业的应纳税所得额=10 000 000-6 000 000=4 000 000（元）

（2）计算胡某的应纳所得税额。

胡某没有任何综合所得，根据税法规定，生产经营所得可参考综合所得进行汇算清缴，即享受专项扣除和专项附加扣除等。

胡某应纳税所得额=4 000 000×60%-60 000-24 000-36 000=2 280 000（元）

适用税率为35%，速算扣除数为65 500元。

胡某应纳所得税额=2 280 000×35%-65 500=732 500（元）

（3）计算李某的应纳所得税额。

李某有综合所得，且代缴义务人已完成代缴，且李某也完成综合所得的汇算清缴，因此不重复享受专项扣除等税收政策。

李某应纳税所得额=4 000 000×40%=1 600 000（元）

适用税率为35%，速算扣除数为65 500元。

李某应纳所得税额=1 600 000×35%-65 500=494 500（元）

任务6.2　财产租赁所得个人所得税的计算

任务导入

小明有两套住房，自己住一套，将另一套用于出租。2021年1月1日，小明按市场价格出租给张某居住，租期为一年。小明每月取得租金收入4 500元，全年租金收入54 000元。计算小明全年租金收入应缴纳的个人所得税（不考虑其他税费）。

任务分析

一、财产租赁所得征税范围

财产租赁所得是指个人出租不动产、机器设备、车船及其他财产取得的所得。

（1）财产租赁所得，以1个月内取得的收入为一次，以每次收入额为应纳税所得额。

（2）在确定财产租赁的应纳税所得额时，纳税义务人在出租财产中缴纳的相关税费，凭完税（缴款）凭证，从其财产租赁收入中扣除。

（3）允许扣除的修缮费用以每次800元为限。一次扣除不完的，准予在下一次继续扣除，直至扣完为止。

（4）个人转租房屋，其向房屋出租方支付的租金，凭房屋租赁合同和合法支付凭证允许在计算个人所得税时，从该项转租收入中扣除。

（5）对个人按市场价格出租的居民住房取得的所得，暂减按10%税率征收个人所得税。

小明于2021年通过出租自己闲置的住房获得的收入，属于个人按照市场价格出租居民住房取得的所得，应依法缴纳个人所得税。

二、适用税率

一般税率为20%，个人出租居民住房，暂减按10%税率征收个人所得税。

三、应纳税所得额及应纳所得税额的计算

（一）计算应纳税所得额

（1）每次收入不超过4 000元，

应纳税所得额=每次收入额-财产租赁过程中缴纳的税费-由纳税人负担的租赁财产实际开支的修缮费用（800元为限）-800

（2）每次收入超过4 000元，

应纳税所得额=[每次收入额-财产租赁过程中缴纳的税费-由纳税人负担的租赁财产实际开支的修缮费用（800元为限）]×（1-20%）

（二）计算应纳所得税额

应纳所得税额=应纳税所得额×适用税率

任务实施

（1）2021年1月1日，小明按照市场价，将自己闲置的住房出租给张某，每月房租4 500元，租期为一年。属于以每月收入为一次计算个人财产租赁所得，且每次收入超过4 000元，

暂减按 10%征收个人所得税（不考虑其他税费）。

（2）接下来，计算小明 2021 年因出租房屋所得应纳个人所得税。

每月应纳所得税额=4 500×（1-20%）×10%=360（元）

全年应纳所得税额=360×12=4 320（元）

任务拓展

案例 6-3

承租小明闲置住房的张某，因工作调动，将此住房转租一个月，收取租金 6 000 元，张某此前缴纳租金有可靠凭证，转租住房每月实际缴纳税金 210 元（有完税凭证），计算张某该月转租应纳所得税额。

【案例分析】

个人转租住房按照个人财产租赁计算应纳所得税额。

【案例解析】

张某转租产生的收入应先扣减其承租时的租金，即转租收入为 1 500 元（6 000-4 500），按照每次收入不超过 4 000 元计算应纳税所得额。

当月张某因转租住房应纳所得税额计算如下：

应纳税所得额=6 000-4 500-210-800=490（元）

应纳所得税额=490×10%=49（元）

任务 6.3 财产转让所得个人所得税的计算

任务导入

小明有两套住房，自己住一套，将另一套用于出租。2022 年 1 月在租赁合同到期后，小明将其以 2 700 000 元出售，购入时的实际购置成本为 1 900 000 元，在出售过程中按规定支付中介费等相关税费 200 000 元，计算小明出售房产应缴纳的个人所得税。

任务分析

一、财产转让所得征税范围

财产转让所得是指个人转让有价证券、股权、不动产、合伙企业中的财产份额、机器设备、车船，以及其他财产取得的所得。

（1）个人住房转让所得。

（2）个人股权转让所得。

小明于2022年出售自己闲置的住房获得的收入，属于个人住房转让所得，应依法缴纳个人所得税。

二、适用税率

统一税率为20%。

三、应纳所得税额的计算

$$应纳所得税额=（收入总额-财产原值-合理费用）\times 20\%$$

（一）个人住房转让所得应纳所得税额的计算

$$应纳所得税额=（转让收入-房屋原值-合理费用）\times 20\%$$

房屋相关税费如表6-1所示。

表6-1 房屋相关税费

房屋原值	购置商品房，实际支付的房价款和缴纳的相关税费
转让过程中缴纳的税金	在转让住房时实际缴纳的增值税、城市维护建设税、教育费附加、土地增值税、印花税等税金
合理费用	纳税人按照规定实际支付的住房装修费用、住房贷款利息、手续费、公证费等费用，凭有关部门出具的有效证明据实扣除

特殊情况：个人销售无偿受赠不动产再转让产生的所得。

应纳所得税额=（收入总额-原捐赠人取得该房屋的实际购置成本-赠予和转让过程中的合理费用）×20%

（二）个人股权转让所得应纳所得税额的计算

个人转让股票的所得免税，转让股权的所得纳税。

$$应纳所得税额=（股权转让收入-股权原值-合理费用）\times 20\%$$

任务实施

（1）2022年1月，小明将自己闲置的住房出售，属于个人转让住房，应按照财产转让所得缴纳个人所得税。

(2) 接下来，计算小明出售住房所得应纳个人所得税。

应纳税所得额=2 700 000-1 900 000-200 000=600 000（元）

应纳所得税额=600 000×20%=120 000（元）

任务拓展

案例6-4

小明祖父去世前将其名下的房产赠予小明，在祖父去世两年后，小明睹物思人，仍不免伤心，遂决定将该住房出售，取得收入2 800 000元，祖父取得该房产的实际购置成本为450 000元，受赠及转让过程中已缴纳的税费为250 000元。

计算小明转让该住房时的应纳所得税额。

【案例分析】

此案例属于个人住房转让的特殊情况，其所得属于个人销售无偿受赠不动产再转让产生的所得。

【案例解析】

应纳税所得额=2 800 000-450 000-250 000=2 100 000（元）

应纳所得税额=2 100 000×20%=420 000（元）

税收优惠：对于个人转让家庭唯一住房，且自用时间五年以上的，暂免征收个人所得税，也就是生活中常听到的"满五唯一"。

任务6.4　利息、股息、红利所得个人所得税的计算

任务导入

通过上述几个案例，我们发现小明平时可支配收入相对较多，因此小明开始研究投资的事情。2021年6月，小明在国内A股市场购入价值10 000元的某股票，同年11月获得该公司分红3 000元，12月月初将股票售出，取得收入10 500元。小明应如何缴纳与投资有关的个人所得税？

任务分析

一、利息、股息、红利所得征税范围

利息、股息、红利所得是指个人拥有债权、股权等而取得的利息、股息、红利所得。

小明于2021年通过投资获得的红利收入和价差收入，属于利息、股息、红利所得，应依法缴纳个人所得税。

二、适用税率

一般税率为20%。

三、应纳税所得额及应纳所得税额的计算

（一）应纳税所得额的计算

（1）个人从公开发行和转让市场取得的上市公司股票，股票持有期限不超过1个月的，其利息、股息、红利所得全额计入应纳税所得额；股票持有期限超过1个月但不超过1年的，暂减按50%计入应纳税所得额；股票持有期限超过1年的，暂免征收个人所得税。

（2）上市公司股票转让价差暂免征收个人所得税。

（二）应纳所得税额的计算

$$应纳所得税额=应纳税所得额\times 20\%$$

任务实施

（1）2021年6月，小明在国内A股市场购入价值10 000元的某股票，同年11月获得该公司分红3 000元，12月月初将股票售出，取得收入10 500元。其中，股票红利收入3 000元，按50%计入应纳税所得额，500元的价差暂免征收个人所得税。

（2）接下来，计算小明2021年因证券投资所得应纳的个人所得税。

应纳税所得额=3 000×50%=1 500（元）

应纳所得税额=1 500×20%=300（元）

任务拓展

案例 6-5

假如小明2021年12月未出售自己6月购入的股票，而是继续持有至2022年12月，并

且 2022 年 10 月，该公司再次分红，小明获得 3 500 元，则 2022 年小明因证券投资应如何缴纳个人所得税？

【案例分析】

小明持有该股票的期限大于 1 年，其个人所得税暂免征收。

【案例解析】

2022 年，小明因证券投资产生的股息、利息、红利所得无须缴纳个人所得税。

任务 6.5　偶然所得个人所得税的计算

任务导入

小明为给中国福利事业做贡献，坚持购买中国福利彩票。2021 年 12 月，小明中了 1 注三等奖，奖金为 3 000 元。此种情况小明应如何缴纳个人所得税？

任务分析

一、偶然所得征税范围

偶然所得是指个人得奖、中奖、中彩，以及其他偶然性质的所得。

小明中了中国福利彩票 1 注三等奖，属于偶然所得，应依法缴纳个人所得税。

二、适用税率

一般税率为 20%。

三、应纳税所得额及应纳所得税额的计算

（一）应纳税所得额的计算

（1）单张有奖发票奖金所得不超过 800 元的，暂免征收个人所得税；单张有奖发票奖金所得超过 800 元的，应全额按照《个人所得税法》规定的偶然所得项目征收个人所得税。

（2）购买社会福利有奖募捐奖券、体育彩票一次中奖收入不超过 10 000 元的暂免征收个人所得税；对于一次中奖收入超过 10 000 元的，应按税法全额征收个人所得税。

（二）应纳所得税额的计算

$$应纳所得税额=应纳税所得额×20\%$$

任务实施

小明中了中国福利彩票 1 注三等奖，属于偶然所得，应依法缴纳个人所得税。但是小明一次中奖收入未超过 10 000 元，因此暂免征收个人所得税。

任务拓展

案例 6-6

小明为给中国福利事业做贡献，坚持购买中国福利彩票。2021 年 12 月，小明中了 4 注三等奖，单注奖金为 3 000 元。此种情况小明应如何缴纳个人所得税？

【案例分析】

小明中了中国福利彩票 4 注三等奖，属于偶然所得，且一次中奖收入超过 10 000 元，达到 12 000 元，因此按偶然所得项目全额征收个人所得税。

【案例解析】

应纳所得税额=12 000×20%=2 400（元）

项目 7

非居民个人各类所得预扣预缴个人所得税的计算

> **知识目标：** 了解非居民个人各项所得，了解非居民个人前四项所得（工资、薪金所得，劳务报酬所得，稿酬所得和特许权使用费所得）预扣预缴个人所得税的基本规定。
>
> **能力目标：** 能够正确计算非居民个人各项所得预扣预缴个人所得税；能够区分非居民纳税人各项所得预扣预缴个人所得税的计算与居民纳税人的差异。
>
> **情感目标：** 理解税收公平的含义，理解向非居民个人征收个人所得税是维护国家税法权威和彰显国家税收主权的重要保障。

任务 7.1 非居民个人工资、薪金所得预扣预缴个人所得税的计算

任务导入

小明搞清楚了居民个人综合所得个人所得税的计算，2021 年 10 月，他在计算公司代扣代缴的个人所得税时又遇到了新难题。公司因为短期项目需要，招聘录用了一名该月首次入境的法国技术顾问戴维，项目预期 6 个月完工，戴维预计项目完工后离境。2021 年 10—12 月，戴维从公司获得的工资、薪金所得分别为 10 000 元、20 000 元和 15 000 元。戴维为无住所的外籍员工，且未在境外任职和工作，小明想知道计算公司为戴维代扣代缴的个人所得税时，计算方法是否和其他中国同事的相同？假设不考虑其他税费，戴维上述所得应缴纳多少个人所得税？

项目 7 非居民个人各类所得预扣预缴个人所得税的计算

任务分析

一、非居民个人

根据前面所学，在中国境内无住所又不居住，或者无住所且一个纳税年度内在中国境内居住累计不满 183 天的个人，为非居民个人。扣缴义务人向个人支付应税所得时，应履行代扣代缴个人所得税的义务。扣缴义务人代扣代缴税款时，应当根据合同约定等情况自行判定是居民个人还是非居民个人，并按照有关规定进行申报。非居民个人在一个纳税年度内税款扣缴方法保持不变，达到居民个人条件时，应当告知扣缴义务人基础信息变化情况，年度终了后按照居民个人有关规定办理汇算清缴。

戴维为无住所外籍人，根据合同约定，2021 年戴维在中国境内居住 92 天，累计不超过 183 天，因此公司作为扣缴义务人在首次办理个人所得税扣缴申报时应将戴维预先判定为非居民个人。

二、非居民个人来源于中国境内所得

非居民个人从中国境内取得的所得，应依法缴纳个人所得税。

实行非居民个人所得税预扣预缴申报的应税所得：工资、薪金所得；劳务报酬所得；稿酬所得；特许权使用费所得；经营所得；利息、股息、红利所得；财产租赁所得；财产转让所得；偶然所得。

居民取得的工资、薪金所得，劳务报酬所得，稿酬所得，特许权使用费所得称为综合所得。非居民个人取得这四项所得的个人所得税计税方法与居民个人综合所得个人所得税计税方法有所不同，将在本项目重点介绍，而其他所得的计税方法与居民个人的相同，因此不再赘述。

非居民个人取得工资、薪金所得，按月计算个人所得税。有扣缴义务人的，由扣缴义务人按月代扣代缴税款，不办理汇算清缴。

戴维于 2021 年 10—12 月每月所获得的工资、薪金所得属于非居民个人来源于中国境内的所得，应依法缴纳个人所得税，由北京商贸公司按月代扣代缴。

三、非居民个人工资、薪金所得收入额计算

1. 非居民个人境内居住时间累计不超过 90 天

在一个纳税年度内，在境内累计居住不超过 90 天的非居民个人，仅就归属于境内工作期间并由境内雇主支付或者负担的工资、薪金所得计算缴纳个人所得税。当月工资、薪金收入额的计算公式如下：

$$当月工资、薪金收入额 = 当月境内外工资、薪金收入额 \times \frac{当月境内支付工资、薪金收入额}{当月境内外工资、薪金收入额} \times \frac{当月工资、薪金所属工作期间境内工作天数}{当月工资、薪金所属工作期间公历天数}$$

2. 非居民个人境内居住时间累计超过90天不满183天

在一个纳税年度内，在境内累计居住超过90天但不满183天的非居民个人，取得归属于境内工作期间的工资、薪金所得，均应当计算缴纳个人所得税；其取得归属于境外工作期间的工资、薪金所得，不征收个人所得税。当月工资、薪金收入额的计算公式如下：

$$当月工资、薪金收入额 = 当月境内外工资、薪金收入额 \times \frac{当月工资、薪金所属工作期间境内工作天数}{当月工资、薪金所属工作期间公历天数}$$

本例中，戴维于2021年10月刚到中国，截至2021年12月31日，其在境内的工作时间为92天，不超过183天，且其没有在境外任职和收入，所以其工资、薪金所得即为北京商贸公司支付的工资、薪金所得。

四、非居民个人高管人员工资、薪金所得收入额计算

1. 非居民个人高管人员在境内居住时间累计不超过90天

在一个纳税年度内，在境内累计居住不超过90天的高管人员，其取得由境内雇主支付或者负担的工资、薪金所得应当计算缴纳个人所得税；不是由境内雇主支付或者负担的工资、薪金所得，不缴纳个人所得税。当月工资、薪金收入额为当月境内支付或者负担的工资、薪金收入额。

2. 非居民个人高管人员在境内居住时间累计超过90天不满183天

在一个纳税年度内，在境内居住累计超过90天但不满183天的高管人员，其取得的工资、薪金所得，除归属于境外工作期间且不是由境内雇主支付或者负担的部分外，应当计算缴纳个人所得税。当月工资、薪金收入额计算公式如下：

$$当月工资、薪金收入额 = 当月境内外工资、薪金收入额 \times \left[1 - \frac{当月境外支付工资、薪金收入额}{当月境内外工资、薪金收入额} \times \frac{当月工资、薪金所属工作期间境外工作天数}{当月工资、薪金所属工作期间公历天数} \right]$$

五、应纳税所得额及应纳所得税额的计算

（一）计算应纳税所得额

非居民个人的工资、薪金所得，以每月收入额减除费用5 000元后的余额为应纳税所得额。

（二）选择适用税率

非居民个人取得工资、薪金所得以每月应纳税所得额按照3%～45%的7级超额累进税率计算缴纳个人所得税，具体如表4-4所示。

（三）计算应纳所得税额

应纳所得税额=应纳税所得额×适用税率-速算扣除数。

任务实施

2021年10—12月，戴维工资、薪金所得应纳个人所得税的计算如下：

（1）10月工资、薪金所得应纳税所得额=10 000-5 000=5 000（元）

查表得出：适用税率为10%，速算扣除数为210元。

应纳所得税额=5 000×10%-210=290（元）

（2）11月工资、薪金所得应纳税所得额=20 000-5 000=15 000（元）

查表得出：适用税率为20%，速算扣除数为1 410元。

应纳所得税额=15 000×20%-1 410=1 590（元）

（3）12月工资、薪金所得应纳税所得额=15 000-5 000=10 000（元）

查表得出：适用税率为10%，速算扣除数为210元。

应纳所得税额=10 000×10%-210=790（元）

任务拓展

案例7-1

美国人安娜为非居民个人，2020年5月她从A公司取得工资、薪金所得10 000元，从B公司取得工资、薪金所得30 000元，自行申报需要补缴多少个人所得税？

【案例分析】

根据《国家税务总局关于个人所得税自行纳税申报有关问题的公告》（国家税务总局公告2018年第62号），非居民个人在中国境内从两处以上取得工资、薪金所得的，应当在取得所得的次月15日内，向其中一处任职、受雇单位所在地主管税务机关办理纳税申报，并报送《个人所得税自行纳税申报表（A表）》。

【案例解析】

A、B两公司在向安娜支付工资、薪金所得时，分别以收入额减除费用5 000元后的余额为应纳税所得额进行扣缴申报。

A公司代扣代缴：

应纳税所得额=10 000-5 000=5 000（元）

应申报个人所得税=5 000×10%-210=290（元）

B公司代扣代缴：

应纳税所得额=30 000-5 000=25 000（元）

应申报个人所得税=25 000×20%-1 410=3 590（元）

安娜应该将从两家公司取得的工资、薪金所得汇总并减除费用5 000元后的余额为应纳税所得额，在2020年6月15日之前选择其中一家公司所在地主管税务机关进行自行申报。

应申报个人所得税=（10 000+30 000-5 000）×25%-2 660=6 090（元）

应补缴个人所得税=6 090-290-3 590=2 210（元）

案例 7-2

史密斯先生为非居民个人，2020年12月取得来源于境内的一次性奖金100 000元，请问应如何计算个人所得税？

【案例分析】

非居民个人数月奖金是指一次取得归属于数月的奖金、年终加薪、分红等工资、薪金所得，不包括每月固定发放的奖金及一次性发放的数月工资。

根据《财政部 国家税务总局关于非居民个人和无住所居民个人有关个人所得税政策的公告》（财政部 税务总局公告2019年第35号）的规定，非居民个人一个月内取得数月奖金，按规定计算当月收入额，不与当月其他工资、薪金合并，按6个月分摊计税，不减除费用，适用月度税率表计算应纳所得税额。在一个纳税年度内，对每一个非居民个人，该计税方法只允许适用一次。

计算公式如下：

当月数月奖金应纳所得税额=[（数月奖金收入额÷6）×适用税率-速算扣除数]×6

【案例解析】

非居民个人史密斯先生所获奖金应按6个月分摊计税，按月换算后，

全月应纳税所得额=100 000÷6≈16 666.67（元）

对应全年一次性奖金应纳所得税额=（16 666.67×20%-1 410）×6≈11 540（元）

案例 7-3

金先生 2020 年为我国非居民个人，3 月金先生取得来源于境内的股权激励所得 200 000 元，其中归属于境内工作期间的所得为 90 000 元。2020 年 6 月，金先生取得来源于境内的股权激励所得 400 000 元，其中归属于境内工作期间的所得为 180 000 元。不考虑税收协定因素，金先生取得上述股权激励所得应缴纳多少个人所得税？

【案例分析】

股权激励包括股票期权、股权期权、限制性股票、股票增值权、股权奖励及其他因认购股票等有价证券而从雇主处取得的折扣或者补贴。

根据《财政部 国家税务总局关于非居民个人和无住所居民个人有关个人所得税政策的公告》（财政部 税务总局公告 2019 年第 35 号）的规定，非居民个人一个月内取得股权激励所得，按规定计算当月收入额，不与当月其他工资、薪金合并，按 6 个月分摊计税，不减除费用，适用月度税率表计算应纳所得税额。在一个纳税年度内的股权激励所得应合并计算。

计算公式如下：

当月股权激励所得应纳所得税额=[（本公历年度内股权激励所得合计额÷6）×适用税率-速算扣除数]×6-本公历年度内股权激励所得已纳税额

非居民个人一个月内取得的境内外数月奖金或者股权激励包含归属于不同期间多笔所得的，应当先分别按照规定计算不同归属期间来源于境内的所得，再加总计算当月来源于境内的数月奖金或者股权激励收入额。

【案例解析】

非居民个人金先生所获境内外股权激励应先按照不同归属期间计算来源于境内的所得，再加总计算多个月来源于境内的股权激励收入额，并且按 6 个月分摊计税。

2020 年 3 月金先生应纳所得税额=[（90 000÷6）×20%-1 410]×6=9 540（元）

2020 年 6 月金先生应纳所得税额={[（180 000+90 000）÷6]×30%-4 410}×6-9 540=45 000（元）

案例 7-4

加拿大公民马克任中国某居民企业副总经理，马克在中国无住所，2021 年在华居住时间为 87 天。9 月份境内外工资、薪金所得总额为 90 000 元，当月境内支付工资、薪金所得 30 000

元,当月境内工作 15 天。假设马克先生无其他收入,除费用外无其他扣除,应如何计算个人所得税?

【案例分析】

根据《财政部 国家税务总局关于非居民个人和无住所居民个人有关个人所得税政策的公告》(财政部 税务总局公告 2019 年第 35 号)的规定,对于担任境内居民企业的董事、监事及高层管理职务[企业正、副(总)经理、各职能总师、总监及其他类似公司管理层的职务]的个人,无论是否在境内履行职务,取得由境内居民企业支付或者负担的董事费,监事费,工资、薪金或者其他类似报酬,属于来源于境内的所得。

非居民个人马克先生担任该居民企业副总经理,应认定为高管人员,且其在中国境内居住时间累计不超过 90 天,因此仅就其境内工资、薪金所得计税,并计算其 9 月工资、薪金收入额作为应纳税所得额。

【案例解析】

2021 年 9 月马克应纳税所得额=30 000×(30 000÷90 000)×(15÷30)=5 000(元)

应纳个人所得税=(5 000-5 000)×3%=0(元)

若假设马克 2021 年在中国境内居住天数超过 90 天,不足 183 天,假设其他条件不变,那么,

马克 9 月工资、薪金所得=90 000×[1-60 000÷90 000×(15÷30)]=60 000(元)

应纳个人所得税=(60 000-5 000)×30%-4 410=12 090(元)

任务 7.2　非居民个人劳务报酬所得、稿酬所得、特许权使用费所得预扣预缴个人所得税的计算

任务导入

戴维是个多面手,他在工作之余取得甲公司支付的培训收入 20 000 元;将其拥有的一项专利技术提供给乙公司使用,收取使用费 100 000 元;在某出版社出版了书籍一本,获得稿酬 50 000 元。这让小明产生了新困惑,戴维的这些收入是否需要单位代扣代缴个人所得税呢?假设不考虑其他税费,戴维上述所得与工资、薪金所得预扣预缴个人所得税的处理是否相同呢?戴维的上述所得应缴纳多少个人所得税?

任务分析

一、非居民个人劳务报酬所得、稿酬所得、特许权使用费所得

根据上文，非居民个人从中国境内取得的劳务报酬所得、稿酬所得和特许权使用费所得，应依法缴纳个人所得税。

非居民个人取得劳务报酬所得、稿酬所得和特许权使用费所得，按月或者按次分项计算个人所得税。有扣缴义务人的，由扣缴义务人按月或者按次代扣代缴，不办理汇算清缴。

戴维于2010年所获得的劳务报酬所得、稿酬所得和特许权使用费所得属于非居民来源于中国境内的个人所得，应依法缴纳个人所得税，由北京商贸公司按月代扣代缴。

二、应纳税所得额及应纳所得税额的计算

（一）计算应纳税所得额

非居民个人劳务报酬所得、稿酬所得、特许权使用费所得，以每月或每次收入额为应纳税所得额。

非居民个人取得劳务报酬所得、稿酬所得、特许权使用费所得以收入额减除20%的费用后的余额为收入额。其中，稿酬所得的收入额减按70%计算。

（二）选择适用税率

非居民个人劳务报酬所得、稿酬所得、特许权使用费所得适用个人所得税税率，具体如表4-4所示。

（三）计算应纳所得税额

$$应纳所得税额=应纳税所得额×适用税率-速算扣除数$$

任务实施

戴维劳务报酬所得、稿酬所得、特许权使用费所得应纳个人所得税的计算如下：

（1）劳务报酬所得应纳所得税额的计算。

应纳税所得额=20 000×（1-20%）=16 000（元）

查表得出：适用税率为20%，速算扣除数为1 410元。

应纳所得税额=16 000×20%-1 410=1 790（元）

（2）稿酬所得应纳所得税额的计算。

应纳税所得额=50 000×（1-20%）×70%=28 000（元）

查表得出：适用税率为25%，速算扣除数为2 660元。

应纳所得税额=28 000×25%-2 660=4 340（元）

（3）特许权使用费所得应纳所得税额的计算。

应纳税所得额=100 000×（1-20%）=80 000（元）

查表得出：适用税率为35%，速算扣除数为7 160元。

应纳所得税额=80 000×35%-7 160=20 840（元）

任务拓展

案例7-5

美国人安德鲁为非居民个人，2020年3月他在中国境内以独立身份从事同一项目劳务活动，从深圳某公司12日取得劳务报酬所得20 000元，20日取得劳务报酬所得30 000元，8月份回美国至年底后不再来中国。安德鲁的劳务报酬所得应如何计算个人所得税？（假设安德鲁在此期间无其他所得）

【案例分析】

非居民个人的劳务报酬所得按月或按次分项计算应纳个人所得税。

根据《中华人民共和国个人所得税法实施条例》的规定，劳务报酬所得、稿酬所得、特许权使用费所得，属于一次性收入的，以取得该项收入为一次；属于同一项目连续性收入的，以一个月内取得的收入为一次。一般情形下，非居民个人以独立身份从事同一项劳务活动，如果一个月取得两次以上劳务报酬，应该合并按月计算应纳所得税额。

【案例解析】

安德鲁2020年3月所获得的两笔劳务报酬所得属于他在中国境内以独立身份从事的同一项目劳务活动，因此应合并按月计算应纳所得税额。

应纳税所得额=（20 000+30 000）×（1-20%）=40 000（元）

查表得出：适用税率为30%，速算扣除数为4 410元。

应纳所得税额=40 000×30%-4 410=7 590（元）

案例7-6

意大利人Lily在中国境内无住所，2019年1月1日到中国境内工作，在中国境内工作了12个月，按月取得工资、薪金所得20 000元。假定Lily无其他综合所得，也无专项扣除、专项附加扣除和依法确定的其他所得。公司该如何代扣代缴其个人所得税？个人全年应如何申报个人所得税？

【案例分析】

根据《财政部 国家税务总局关于非居民个人和无住所居民个人有关个人所得税政策的公告》（财政部 税务总局公告 2019 年第 35 号）的规定，无住所个人在一个纳税年度内首次申报时，应当根据合同约定等情况预计一个纳税年度内境内居住天数及在税收协定规定的期间内境内停留天数，按照预计情况计算缴纳税款。实际情况与预计情况不符的，分别按照以下规定处理。

（1）无住所个人预先判定为非居民个人，因延长居住天数达到居民个人条件的，一个纳税年度内税款扣缴方法保持不变，年度终了后按照居民个人有关规定办理汇算清缴，但该个人在当年离境且预计年度内不再入境的，可以选择在离境之前办理汇算清缴。

（2）无住所个人预先判定为居民个人，因缩短居住天数不能达到居民个人条件的，在不能达到居民个人条件之日起至年度终了 15 天内，应当向主管税务机关报告，按照非居民个人重新计算应纳所得税额，申报补缴税款，不加收税收滞纳金。需要退税的，按照规定办理。

（3）无住所个人预计一个纳税年度境内居住天数累计不超过 90 天，但实际累计居住天数超过 90 天的，或者对方税收居民个人预计在税收协定规定的期间内境内停留天数不超过 183 天，但实际停留天数超过 183 天的，待达到 90 天或者 183 天的月度终了后 15 天内，应当向主管税务机关报告，就以前月份工资、薪金所得重新计算应纳税款，并补缴税款，不加收税收滞纳金。

根据《国家税务总局关于发布〈个人所得税扣缴申报管理办法（试行）〉的公告》（国家税务总局公告 2018 年第 61 号）的规定，非居民个人在一个纳税年度内税款扣缴方法保持不变，达到居民个人条件时，应当告知扣缴义务人基础信息变化情况，年度终了后按照居民个人有关规定办理汇算清缴。纳税人取得综合所得申请退税的，需要办理汇算清缴。若全年无须补（退）税额，则无须办理汇算清缴。

【案例解析】

（1）Lily 在中国境内无住所，在从 2019 年 1 月 1 日首次进入中国境内到未满 183 天的期间里，应判定为非居民个人，扣缴义务人应按月在支付工资、薪金所得时依法预扣预缴个人所得税。

每月应纳所得税额=（20 000-5 000）×20%-1 410=1 590（元）

（2）Lily 在中国境内居住满 183 天后，其纳税身份转变为居民个人，虽然告知了扣缴义务人，但其后续工资、薪金所得仍需扣缴义务人按照非居民个人预扣预缴个人所得税。

每月应纳所得税额=（20 000-5 000）×20%-1 410=1 590（元）

（3）年度终了后，Lily 应按照居民个人取得综合所得自行计算应纳所得税额，根据综合所得适用税率表选择适用税率和速算扣除数进行计算。

全年应纳所得税额=（20 000×12-60 000）×20%-16 920=19 080（元）

全年已预扣预缴个人所得税=1 590×12=19 080（元）

Lily 2019 年应补（退）税额为 0 元，无须办理汇算清缴。

案例 7-7

英国人 Tom 在中国境内无住所，2020 年 3 月、6 月在中国境内取得了两次劳务报酬所得。3 月首次提供劳务服务在中国境内居住 100 天，6 月提供第二次劳务服务在中国境内再次居住 100 天，假定两次劳务报酬所得分别为 60 000 元、40 000 元。支付单位该如何代扣代缴个人所得税？该人汇算清缴时应补（退）税款多少元？

【案例分析】

纳税人 Tom 在纳税年度内达到居民个人条件后，其当年全部综合所得应重新合并按年计算应纳所得税额，并与已预扣预缴税款进行对比，纳税年度内预缴税额低于应纳所得税额或是纳税人申请退还多缴税款的，需要办理汇算清缴。

【案例解析】

（1）Tom 2020 年 3 月提供劳务服务，在中国境内居住 100 天，为非居民个人。

应纳税所得额=60 000×（1-20%）=48 000（元）

应预扣预缴个人所得税额=48 000×30%-4 110=10 290（元）

（2）Tom 2020 年 6 月提供劳务服务，在中国境内再次居住 100 天，累计居住天数 200 天，超过 183 天，该纳税人的纳税身份转变为居民纳税人，但在 2020 年内支付单位仍需按照非居民个人预扣预缴个人所得税。

应纳税所得额=40 000×（1-20%）=32 000（元）

应预扣预缴个人所得税额=32 000×25%-2 660=5 340（元）

（3）2021 年 3—6 月或 Tom 离境前，应就其居民个人应纳个人所得税办理汇算清缴，根据综合所得适用税率表选择适用税率和速算扣除数进行计算。

应纳税所得额=（40 000+60 000）×（1-20%）=80 000（元）

应纳所得税额=（80 000-60 000）×3%-0=600（元）

应补（退）税额=600-5 340-10 290=-15 030（元）

Tom 全年多缴了 15 030 元，因其在中国境内没有任职、受雇单位，可在 2021 年 3 月 1 日—6 月 30 日，向户籍所在地或经常居住地主管税务机关办理汇算清缴，申请退还多缴的税款。

项目 8

综合训练

> **知识目标**：理解企业工资表各部分内容的含义；理解日均工资的计算方法；理解企业实发工资的计算方法。
>
> **能力目标**：能够合理设计工资表；能够正确计算工资表中日均工资、超勤补贴金额和缺勤扣款金额；能够根据数据正确计算企业员工实发工资。
>
> **情感目标**：培养学生在学习过程中养成动手、动脑的学习习惯；培养学生利用信息技术解决实际会计专业的相关问题的能力。

用 Excel 表格制作工资表

任务导入

经过了一段时间的工作，小明已经能够正确并且快速地计算职工工资的各组成部分和个人所得税了，也获得了主任的欣赏。有了基础，主任又给了小明一项更加富有挑战性的工作，那就是重新设计员工的工资表，使其更加科学、合理。小明干劲满满地开始尝试用 Excel 表格设计工资表。

任务分析

工资表是详细记录工资、基本福利发放情况的表格，原则上要清晰明了、逻辑关系明确、数据准确。一般的工资表包括以下结构。

1. **表头、表尾**

表头一般包括文件名称、统计周期和打印日期三项。大多数企业的工资是一月一发，所以工资表一般是一月一做，文件名称一般为"××公司××××年××月工资明细表"。统计周期是指工资的计薪周期，企业一般采取"自然月（1 日—30/31 日）""16 日—次月 15 日"

"21日—次月20日"等几种方式，可依据企业的情况来确定。打印日期是指出表日期，一般在制作好工资表并准备签批前填写当时的日期。

表尾一般包括备注、页码和工资表签批人员、日期。备注是对工资表进行特别说明或补充说明的事项。工资表签批流程一般包括制表人、审核人、批准人，如签批人较多，可以增加一级审核人、二级审核人或 HR 经理审核、业务部门经理审核等，来区分不同的审核、批准级别或职位人员。

2. 员工基本信息

员工基本信息是指工资表最左侧的几列固定项，用于明确员工的基本信息，一般包括序号、部门、姓名等，也可根据实际情况增加，如工号、职位、二级部门等。原则上，员工基本信息要尽量简短。

3. 税前工资细目及总额

绝大部分工资细目都是税前工资。这部分主要体现工资的具体细目，一般采用"基本/岗位工资+绩效工资增项-绩效工资减项+补贴/津贴增项-补贴/津贴减项+其他工资"的模式。

在明确工资细目的基础上，要计算出汇总额，即上述明细加减后得到的结果。

4. 社会保险/住房公积金个人和公司部分

请注意，社会保险（五险）和住房公积金的个人缴纳部分是列入税前扣款的。虽然社会保险（五险）和住房公积金的公司缴纳部分不对个人扣款，但仍列入工资表中，用于统计人工成本总额。

5. 考勤

考勤扣款也是列入税前扣款部分的。一般使用考勤扣款的汇总数，但也有使用考勤扣款各细目的，如迟到扣款、事假扣款等。

6. 个人所得税

一般是指个人所得税总数，但也可细分为税前总额、扣税基数、速算扣除数、个人所得税额等细项。

7. 税后增减项

对税后的增减项要特别注意，尤其是税后增项，需要查询相关税法来确定。

8. 工资实发额

这一项是指实际发到员工手里的工资额。

9. 工资总额

这部分一般包括公司工资支出合计、公司福利支出合计、公司人工成本支出合计三项。这部分体现在工资表中主要是为人工成本总额统计做准备工作。

10. 其他补充信息

除以上工资表项目外，还可以添加其他补充信息，包括身份证号、银行账号、发薪地等。

任务实施

制作工资表有以下步骤。

1. 建立工资表

通过分析工资表的结构，我们可以得出工资表样表，如表 8-1 所示。

表 8-1　工资表样表

序号	姓名	部门	基本工资	工龄工资	岗位工资	日均工资	本月实际出勤天数	法定年假补贴天数	法定年假补贴金额	非法定年假补贴天数	非法定年假补贴金额	其他补贴金额	超勤补贴天数	超勤补贴金额	缺勤扣款天数	缺勤扣款金额	社保缴费基数	个人缴费合计	其他扣款金额	代扣代缴个人所得税	实发工资

北京商贸公司2021年9月工资表　　单位：元

1	李云龙	人力资源部	6,000.00	500.00	1,500.00	368.00	24		0.00		0.00		2	1,472.00		0.00	8,613.00	1,839.68			7632.32
2	张大彪	行政部	6,000.00	200.00	1,400.00	349.00	22		0.00		0.00			0.00		0.00	4,200.00	948.00			6652.00
3	孔捷	财务部	6,000.00	200.00	1,000.00	331.00	24						2	1,655.00		0.00	8,600.00	1,838.00			7017.00
4	赵刚	总裁办	8,000.00	300.00	1,150.00	434.00	22							0.00		0.00	9,500.00	2,140.50			7309.50
5	楚云飞	销售部	5,000.00	200.00	5,000.00	469.00	26				0.00	1,000.00	4	4,221.00		0.00	18,557.00	4,178.33			11242.67
6	刘洁	后勤部	3,000.00	200.00	1,000.00	193.00	18							0.00		772.00	3,000.00	678.00			2750.00
合计			34,000.00	1,600.00	11,050.00				0.00		0.00	1,000.00		7,348.00		772.00			0.00	0.00	42603.49

大写：壹万柒仟叁佰伍拾元整
备注：每个月计薪天数按照法定计薪天数

单位负责人：　　　　　　会计：　　　　　　出纳：　　　　　　制表：刘凤

建立工资表具体操作流程：

启动 Excel→新建工作簿、保存工作簿→将工作表"Sheet1"重命名为"工资表"→输入表名、制表时间、标题行→输入工资表中的基本数据。

分析或说明：建立工资表主要是搭建工资表的框架，在工资表中列出一些有关员工工资的项目，并输入基本数据。在输入数据时为了防止出错可以进行有效性控制。

步骤：

（1）启动 Excel，单击"文件"→"另存为"命令，在弹出的"另存为"对话框中，输入文件名"北京商贸公司 2021 年 9 月工资表"，文件类型为".xls"。

（2）双击工作表标签，将工作表"Sheet1"重命名为"2021 年 9 月"。

（3）在工作表第一行输入标题"北京商贸公司 2021 年 9 月工资表"，第二行输入"单位：元"，第三行依次输入如下标题："序号""姓名""部门""基本工资""工龄工资""岗位工资""日均工资""本月实际出勤天数""法定年假补贴""非法定年假补贴""其他补贴""超勤补贴""缺勤扣款""社保缴费基数""个人缴费合计""其他扣款金额""代扣代缴""实发工资"。

第四行对应位置输入"天数""金额""个人所得税"。将其他只有单行标题列的 3、4 行单元格合并，并将标题名称太长的列设置为自动换行。具体如图 8-1、图 8-2 所示。

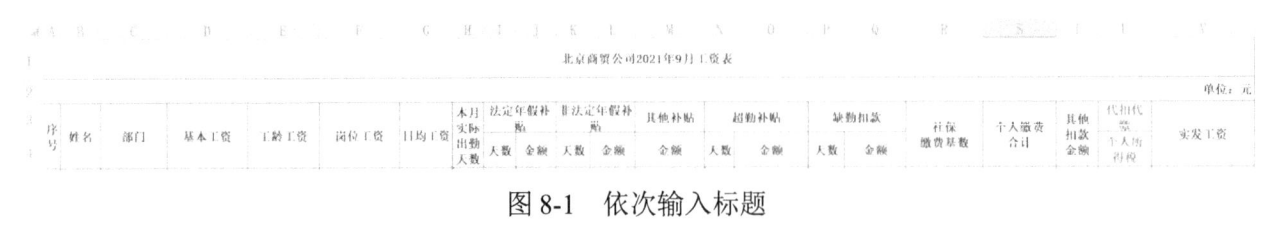

图 8-1　依次输入标题

图 8-2　设置自动换行

（4）参照表 8-1 中的数据输入第二列"姓名"和第三列"部门"的信息。

（5）输入第一列"序号"，可只输入"1""2"，之后使用自动填充实现序号递增。光标选中序号列中的"1""2"所在单元格 A5、A6，将光标移动到 A6 单元格右下角，当光标变为实心的黑色十字形（填充柄）时，按住鼠标左键向下拖，将 A5、A6 单元格的递增序列自动填充到 A 列其他单元格。

2. 计算"基本工资""工龄工资""岗位工资""日均工资"

分析或说明：在工资表中，基本工资、工龄工资、岗位工资和奖金根据每位员工的岗位和工龄不同而有所不同，具体情况要根据本公司相关规定填入。本任务是先输入"基本工资""工龄工资""岗位工资"，根据前文可知，此时可用公式"（基本工资+工龄工资+岗位工资）÷21.75"计算日均工资。

步骤：

（1）单击 G5 单元格，再单击上方内容栏，输入"=(D5+E5+F5)/21.75"，单击"确定"按钮，如图 8-3 所示。

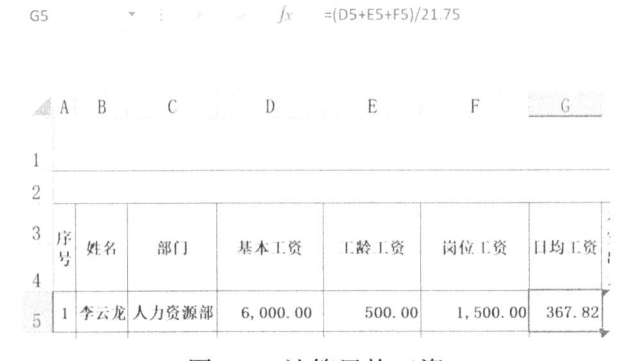

图 8-3　计算日均工资

（2）用鼠标左键按住 G5 单元格右下角的填充柄，向下拖到 G10 为止，自动填充其他职员的日平均工资。

（3）设置数值并保留小数点后两位。选中"基本工资""工龄工资""岗位工资""日均工资"列，右击，设置单元格格式为"数值"，并设置小数位数为"2"，单击"确定"按钮。如图 8-4 所示。

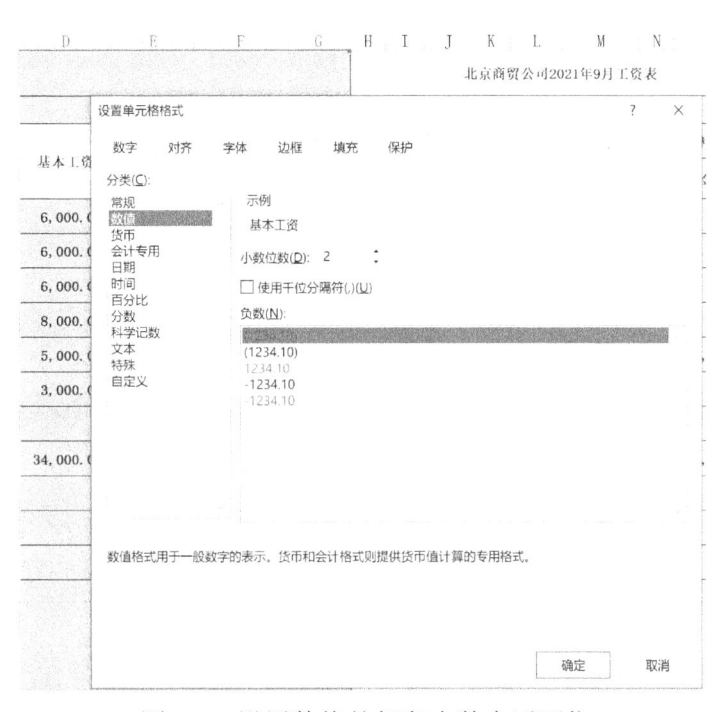

图 8-4　设置数值并保留小数点后两位

3. 输入"法定年假补贴"和"非法定年假补贴"，计算"超勤补贴"和"缺勤扣款"

分析或说明：该公司规定，超勤补贴和缺勤扣款均与本月实际出勤天数和本月法定计薪天数的差值有关，此处由于项目 3 中已计算出 2021 年 9 月法定计薪天数为 22 天，所以，

超勤补贴天数=本月实际出勤天数-本月法定计薪天数

缺勤扣款天数=本月法定计薪天数-本月实际出勤天数

金额为天数与日均工资的乘积。

步骤：

（1）根据公司本月出勤记录表中的天数总和输入每个人"本月实际出勤天数"。

（2）根据公司补贴数据表中相关内容，录入"法定年假补贴"的"天数""金额"，"非法定年假补贴"的"天数""金额"，以及"其他补贴"的"金额"。

（3）在"超勤补贴"下的"天数"列中的 N5 单元格中输入"=H5-22"，并下拉实现自动填充。设置单元格格式为"数值"，小数位数为"0"，负数格式为红色"-1234"。

（4）在"超勤补贴"下的"金额"列中的 O5 单元格中输入"=G5*N5"，并下拉实现自动填充。设置单元格格式为"数值"，小数位数为"2"，负数格式为红色"-1234"。

（5）筛选"超勤补贴"下"天数"和"金额"列中出现的红色数值，将其剪贴至相对应的"缺勤扣款"下的"天数""金额"列，并去掉负号，字体设置为黑色。

具体如图8-5所示。

序号	姓名	部门	基本工资	工龄工资	岗位工资	日均工资	本月实际出勤天数	法定年假补贴 天数	法定年假补贴 金额	非法定年假补贴 天数	非法定年假补贴 金额	其他补贴 金额	超勤补贴 天数	超勤补贴 金额	缺勤扣款 天数	缺勤扣款 金额
1	李云龙	人力资源部	6,000.00	500.00	1,500.00	367.82	24		0.00		0.00		2	735.63		0.00
2	张大彪	行政部	6,000.00	200.00	1,400.00	349.43	22		0.00		0.00		0	0.00		
3	孔捷	财务部	6,000.00	200.00	1,000.00	331.03	24		0.00		0.00		2	662.07		0.00
4	赵刚	总裁办	8,000.00	300.00	1,150.00	434.48	22		0.00		0.00					
5	楚云飞	销售部	5,000.00	200.00	5,000.00	468.97	26					1,000.00	4	1,875.86		0.00
6	刘洁	后勤部	3,000.00	200.00	1,000.00	193.10	18								4	772.00

图8-5 计算"超勤补贴"和"缺勤补贴"

4. 录入"社保缴费基数""个人缴费合计""其他扣款金额""代扣代缴"的"个人所得税"，计算"实发工资"

分析或说明：实发工资=基本工资+工龄工资+岗位工资+法定年假补贴金额+非法定年假补贴金额+其他补贴金额+超勤补贴金额-缺勤扣款金额-个人缴费合计-其他扣款金额-代扣代缴个人所得税

注：表中社会保险缴费基数、个人缴费合计和代扣代缴个人所得税均应用本教材前文中所计算得出的结果。

步骤：

（1）光标放在V5单元格中，输入公式"=D5+E5+F5+J5+L5+M5+O5-Q5-S5-T5-U5"，按回车键算出实发工资。

（2）用鼠标左键按住V5单元格右下角的填充柄向下拖，自动填充其他职员的实发工资。

5. 计算各项金额合计

分析或说明：各项金额合计为所有职员此项金额的总和，应用SUM函数进行求和。

步骤：

（1）光标放在D12单元格中，输入公式"=SUM(D5:D10)"，按回车键算出基本工资合计。

（2）用鼠标左键按住D12单元格右下角的填充柄向右拖，计算其他金额项的合计金额。或挨个输入其求和项。

（3）光标放在V12单元格中，输入公式"=SUM(V5:V10)"，按回车键算出本月所有职工实发工资合计。

（4）在第13行中输入V12单元格中数字对应的大写表达"叁万捌仟伍佰贰拾玖元伍分"，

并合并单元格。

（5）在第 14 行中输入"备注：每个月计薪天数按照法定计薪天数"。

（6）在第 15 行中输入"单位负责人："" 会计：""出纳：""制表："，并按实际情况输入其对应信息。如图 8-6 所示。

图 8-6 计算各项金额合计

6. 美化工资表

目前，工资表已基本成型，可以通过设置单元格格式调整行高、列宽，添加公司 Logo，使工资表兼具实用性与美观性。

美化工资表的具体步骤：设置数字形式、字体、对齐方式→调整行高、列宽→设置边框→插入公司 Logo。

7. 打印工资表

打印工资表的具体步骤：设置打印区域→页面设置→打印预览→打印输出。

本项目的主要内容是制作一张工资表，包括工资表数据输入与统计分析。在数据输入时可以利用有效性控制和 IF 函数，快速正确地输入指定数据。工资表数据输入完成后，可以运用数据透视表及数据透视图进行汇总及统计分析。

拓展延伸

1. IF 函数的使用

函数格式：if(logical_test,value_if_true,value_if_false)。

其中，

"logical_test"表示设定的条件；

"value_if_true"表示当目标单元格与设定条件相符时返回的函数值；

"value_if_false"表示当目标单元格与设定条件不符时返回的函数值。

IF 函数可以嵌套使用，最多可以嵌套 7 层。以表 8-2 为例，不同分数段要求输入不同的等级，则 IF 函数为"IF(成绩＜60,"不及格",IF (成绩＜70,"及格",IF (成绩＜80,"中",IF (成绩＜90,"良","优"))))"。

表 8-2 学生成绩表

成绩	等级
成绩＜60	不及格
60≤成绩＜70	及格
70≤成绩＜80	中
80≤成绩＜90	良
90≤成绩	优

2. 有效性控制

Excel 强大的制表功能给我们的工作带来了方便，但是在数据输入过程中难免会出错，如重复的身份证号码、超出范围的无效数据等。其实，可以通过有效性控制来限定输入的内容，以避免错误数据的输入。把既定的规律化的输入内容作为选项，在"有效性设置"对话框中按"序列"进行设置。启用这种"序列"的方法也是多种多样的，下面简要描述设置方法。

（1）简单序列值可直接输入。

序列项目较少，并且固定不变时，可以直接在相应的单元格设置有效性，在数据来源框中输入具体的选项。例如，希望在 A1 单元格中只能输入"未开始""进行中""已完成""已延期"四个选项中的一个，则在"有效性设置"对话框中的"来源"输入框中输入"未开始,进行中,已完成,已延期"（选项值之间的逗号是英文输入状态下的逗号）。此外，通过有效性设置对话框的其他选项卡，可以设置输入信息和出错警告信息。输入信息是指设置有效性控制的单元格被选中时出现的输入提示性信息；出错警告信息则是在设置有效性控制的单元格中输入错误数据时出现的警告信息或说明。

（2）导入数据序列。

若在要设置有效性控制单元格的同一工作表中已存在数据序列，则可通过导入的方式将数据序列导入。

值得注意的是，数据有效性控制只是在直接向单元格键入数据时才显示信息和阻止无效输入。当数据是以复制、填充、或公式计算的方式输入时，将不会出现有效性控制的提示。

目 录

项目 1　认识薪酬管理 1
　　一、任务知识点 1
　　二、任务实训 5

项目 2　员工社会保险及住房公积金计算 7
　　一、任务知识点 7
　　二、任务实训 12

项目 3　计算员工的考勤工资 13
　　一、任务知识点 13
　　二、任务实训 15

项目 4　认识个人所得税 17
　　一、任务知识点 17
　　二、任务实训 19

项目 5　居民综合所得个人所得税的计算 20
　　一、任务知识点 20
　　二、任务实训 25

项目 6　其他各类收入个人所得税的计算 31
　　一、任务知识点 31
　　二、任务实训 33

项目 7　非居民个人各类所得预扣预缴个人所得税的计算 34
　　一、任务知识点 34
　　二、任务实训 36

项目 1　认识薪酬管理

> 薪酬是每一个初入社会的小白都要面临并熟知的问题，本项目主要从初识薪酬、浅析薪酬管理、设计薪酬制度、设计不同岗位的薪酬模式及动态调整薪酬结构等五个方面带领大家理解和掌握薪酬的相关知识。那么什么是薪酬，如何进行薪酬管理，如何设计合理的薪酬制度，如何根据企业的性质和发展阶段设计不同岗位的薪酬模式，以及如何适时地调整薪酬？这些问题在本项目中都有涉及，希望同学们以本项目中的知识为线索不断进行探索学习。以下练习题目是对本项目所学知识的检测，希望大家通过巩固练习查缺补漏，打通知识脉络，提升自己。

一、任务知识点

（一）单选题

1．关于薪酬的说法，下列选项正确的是（　　）。
A．员工福利属于非经济性薪酬
B．薪酬的本质实际上是一种不公平交易
C．员工视角下的薪酬一般是指直接经济性薪酬
D．薪酬的概念与平时所说的"报酬"没有什么不同

2．下列选项中，属于非经济性薪酬的是（　　）。
A．佣金及红利　　　　　　　　B．带薪休假
C．企业支付的保险　　　　　　D．个人职业发展

3．下列选项中，属于固定工资的是（　　）。
A．岗位工资　　B．绩效工资　　C．奖金　　D．最低工资

4．下列人员中，可以按照时薪的形式领取薪酬的是（　　）。
A．办公室文员　　B．家政人员　　C．经理　　D．专业技术人员

5．下列人员中，一般以月薪的形式领取薪酬的是（　　）。
A．办公室文员　　B．家政人员　　C．总经理　　D．家教

6．我国目前实行的月计薪天数是（　　）。
A．20 天　　B．20.83 天　　C．21.75 天　　D．23 天

7. （　　）是指企业针对员工所提供的工作和服务，对员工的薪酬总额、薪酬结构和薪酬形式的确定、分配和调整的动态过程。

　　A．薪酬体系　　　　B．薪酬制度　　　　C．薪酬结构　　　　D．薪酬管理

8. （　　）是根据企业的实际和劳动市场的变化，确定薪酬中的基本薪酬、激励薪酬和福利薪酬的比例。

　　A．薪酬体系　　　　B．薪酬制度　　　　C．薪酬结构　　　　D．薪酬调整

9. 影响企业薪酬水平的主要因素不包括（　　）。

　　A．企业组织结构　　　　　　　　　B．地区最低工资水平
　　C．所属行业与规模　　　　　　　　D．企业文化

10. （　　）是指用人单位为激励全体员工，采取各种方法向员工支付各种形式报酬的有关规范、标准、方法的总称。

　　A．薪酬管理　　　　B．薪酬制度　　　　C．薪酬分配　　　　D．薪酬结构

11. 薪酬调整的内部公平性是指（　　）。

A．同一企业中不同职位所获得的薪酬的比值与职位贡献的比值是否一致

B．同一行业不同企业中类似的职位的薪酬是否相似

C．同一企业中相同职位的人所获报酬相近

D．同一地区不同企业中类似职位的薪酬是否相同

12. 下列选项中，不属于薪酬制度内容的是（　　）。

　　A．薪酬分配制度　　B．薪酬管理原则　　C．工资等级　　　　D．全面薪酬

13. 下列选项中，对销售岗位人员最有激励作用的薪酬模式是（　　）。

　　A．单一底薪模式　　　　　　　　　B．"底薪+提成"模式
　　C．职位薪酬模式　　　　　　　　　D．纯提成模式

14. 年薪制中，收入状况与企业的经济效益和市场环境相关的是（　　）。

　　A．基本年薪　　　　B．奖金　　　　　　C．长期奖励　　　　D．福利补贴

15. （　　）是指公司为了实现薪酬管理的目标，通过各种途径与员工就薪酬相关的问题做出的信息交流的过程。

　　A．薪酬调查　　　　B．薪酬方案　　　　C．薪酬发放　　　　D．薪酬沟通

16. 为了解决物价上涨带来的工资买力下降的问题，在员工工资基础上一律按照相同的额度进行调整，这个方法是（　　）。

　　A．等额度调整薪酬　　　　　　　　B．等比例调整薪酬
　　C．基于绩效调整薪酬　　　　　　　D．基于能力调整薪酬

17. （　　）方法适用于注重能力的岗位，如某些技术类岗位和教育培训类岗位等。
   A．等额度调整薪酬　　　　　　　　B．等比例调整薪酬
   C．基于绩效调整薪酬　　　　　　　D．基于能力调整薪酬

（二）多选题

1. 下列选项中，属于非经济性薪酬的有（　　）。
   A．工作成就感　　　　　　　　　　B．个人职业发展
   C．参与项目或管理的机会　　　　　D．股票/期权

2. 基于工作时间，薪酬可分为（　　）。
   A．时薪　　　　B．日薪　　　　C．月薪　　　　D．年薪

3. 员工视角下的狭义的薪酬一般包括（　　）。
   A．基本薪酬　　B．补贴　　　　C．社会影响力　D．奖金

4. 全面薪酬一般包括（　　）。
   A．国家法律规定需要缴纳的费用，如工伤保险
   B．企业自愿为保证劳动者身心健康支付的薪酬
   C．企业为劳动者提供培训、帮助劳动者学习和获得职业发展、促进劳动者个人成长的薪酬支出
   D．企业为留住高质量的员工而长期提供的薪酬支出

5. 薪酬管理过程包括（　　）。
   A．薪酬水平　　B．薪酬策略　　C．薪酬结构　　D．薪酬支付原则

6. 企业进行薪酬管理的作用有（　　）。
   A．吸引和留住组织需要的人才
   B．鼓励员工积极提升工作所需的各项能力，实现个人和企业的共同成长
   C．企业进行薪酬管理只是为了节约人工成本
   D．激励员工的工作热情和提高工作效率，创造更多的利润，实现更美好的发展前景

7. 在不同的竞争战略背景下，企业为实现不同的战略目标可以选择的薪酬策略有（　　）。
   A．创新战略　　B．成本领先战略　C．客户战略　　D．成长型战略

8. 下列选择中，属于薪酬管理原则的有（　　）。
   A．公平性原则　B．竞争性原则　　C．激励性原则　D．经济性原则
   E．合法性原则

9. 下列选项中，不属于薪酬制度内容的有（　　）。
   A．薪酬分配制度　B．薪酬管理原则　C．工资等级　　D．奖金、福利津贴
   E．薪酬结构

10．销售岗位人员的薪酬结构一般包括（　　）等因素。

A．底薪
B．提成
C．奖金
D．岗位工资

11．下列选项中，关于销售人员薪酬的说法，正确的有（　　）。

A．在纯提成模式中，销售人员没有基本薪酬，全部薪酬来自提成

B．在"底薪+提成"模式中，销售人员的薪酬由每月的基本薪酬加按销售业绩提取的提成构成

C．在"底薪+奖金"模式中，销售人员每月都能拿到固定的奖金

D．保险业适合采用"高佣金+低底薪"模式

E．对于技术含量高、市场较为狭窄、销售周期长的产品，应采用"高底薪+低提成或奖金"模式

12．下列选项中，关于年薪制的说法，正确的有（　　）。

A．企业可以根据经营者在一个年度或任期内的经营管理业绩，确定与其贡献相当的薪酬水平及支付方式

B．在年薪制结构中加大风险收入的比例，有利于在责任、风险和收入对等的基础上加大激励力度

C．年薪制确定了经营者的最低业绩目标，当经营者未完成最低计划指标时会受到惩罚

D．年薪制可以把年薪收入的一部分直接转化股权激励形式

E．年薪制是一种高风险的薪酬制度，体现约束和激励相互制衡的机制

13．薪酬调查的结果可以应用于（　　）。

A．整体薪酬水平的调整
B．薪酬差距的调整
C．薪酬晋升政策的调整
D．具体职位薪酬水平的调整
E．职位评价结果的调整

14．薪酬动态调整的原因有（　　）。

A．适应企业当前发展的需要
B．与薪酬管理目标的相一致
C．保持员工的工作积极性
D．吸引、保留和激励员工

15．薪酬调整的方法有（　　）。

A．等额度调整薪酬
B．等比例调整薪酬
C．基于绩效调整薪酬
D．基于能力调整薪酬
E．基于态度调整薪酬

（三）判断题

1．一般来说，员工和企业对于薪酬概念和内涵的理解是一样的。　　　（　　）

2．广义的薪酬，也称全面薪酬，除了经济性薪酬的部分，还包括非经济性薪酬，如工作成就感和工作条件等。（　　）

3．根据《国务院关于职工工作时间的规定》的规定，劳动者每天工作的最长工作时间为8小时，周最长工时为40小时。（　　）

4．企业薪酬管理的目的与企业经营管理的目标要保持一致，即以尽可能少的人本成本获得最大的经济效益。（　　）

5．福利和津贴在薪酬管理和发放时并没有区别。（　　）

6．工资表中有几类扣除项，如果发放出现错误，将在下月工资"津贴"项补发。（　　）

7．薪酬管理可以帮助企业达到吸引、留任和激励人才的目的。（　　）

8．为了便于管理和节约成本，不同岗位可以采用统一的薪酬模式。（　　）

9．薪酬调整同样要注意遵守相关法律法规，同时考虑公平性和激励性。（　　）

10．薪酬调整的流程是固定的，只能由员工提出。（　　）

（四）简答题

1．什么是薪酬，薪酬有哪些分类？

2．什么是薪酬管理，薪酬管理的主要内容包括什么？

3．薪酬管理的原则有哪些？

4．举例说明不同岗位的薪酬模式。

5．什么是薪酬结构？举例说明不同职位的薪酬结构差异。

6．调整薪酬有哪些基本流程？

二、任务实训

实训一

【实训目的】

学生在指导下查阅资料、通过小组讨论，交流学习，以便全面认识薪酬的概念和内涵，并结合现实工作情境，进一步理解员工与企业看待薪酬的不同视角，为解决薪酬问题奠定良好的基础。

要求：1．举例说明员工与企业对薪酬的理解和认知是不同的。

2．结合企业实际情况，说明全面薪酬的意义。

实训二

【实训目的】

掌握薪酬管理过程中应该遵守的原则，运用所学理论分析薪酬制度中不合理、不完善的地方，为将来能够解决实际问题奠定基础。

某公司是中央空调和机房空调产品的生产销售厂商，该公司在人力资源管理方面起步较晚，尚未形成完整的体系，在薪酬管理方面存在不少问题。早期，公司人员较少，单凭领导一支笔就可以明确给谁多少工资，但人员激增之后，靠过去的老办法显然不灵，并且这样的做法带有强烈的个人色彩，更谈不上公平性和竞争性。为了改变这种情况，公司聘用了一位人力资源部经理。经理上任后经过调查认为，该公司的薪酬分配原则不清楚，存在内部不公平；不同职位、不同员工之间的薪酬差别基本上是凭感觉来确定的；不能准确了解外部公司，特别是同行业公司的薪酬水平，无法准确定位薪酬整体水平；给谁加薪、加多少，管理者和员工心里都没有清晰的认知。

要求：根据上述资料，可以通过小组讨论的形式，完成下列任务：

1．该公司薪酬管理的主要问题是什么？

2．如何解决该公司薪酬的公平性问题？

实训三

【实训目的】

培养学生树立法律意识，养成遵守法律法规的行为习惯，掌握与薪酬管理或人力资源管理相关的法律法规和政策，为未来职场工作和发展奠定坚实的基础。

要求：通过自行查阅资料和小组讨论等方式，完成以下任务：

1．企业薪酬管理无疑要在我国的法律法规的框架下运行，请自行查阅和学习相关法律法规，并把重点内容摘取记录下来。

2．请结合实际案例（遵守或违背相关法律法规的案例），分析说明企业高度重视相关法律实施对薪酬的影响。

实训四

【实训目的】

为解决薪酬的公平性和竞争性，以及是否需要进行薪酬调整等问题，一般都需要进行薪酬调查。本实训的目的是让学生掌握如何进行薪酬调查，如拟定调查方案，确定调查样本，设计薪酬调查问卷，进行问卷调查和深入访谈，并在此基础上进行相应的数据处理，撰写调查报告，为更好地进行薪酬管理奠定基础。

要求：1．每位学生递交一份"薪酬管理调查报告"，提交打印版与电子版。

2．报告主要内容要求如下。

（1）主体部分：薪酬管理调查报告，要求具备基本的内容，如调查单位的基本情况、本次调查的实施情况、薪酬管理现状和存在的问题及解决方案或对策建议等。

（2）附件部分：一份薪酬管理的访谈提纲及访谈纪要；收集并审核的符合要求的薪酬调查问卷（有效问卷不少于10份）；一份调查单位的薪酬管理制度。

项目 2　员工社会保险及住房公积金计算

> 社会保险和住房公积金主要包括基本养老保险、失业保险、工伤保险、基本医疗保险、生育保险和住房公积金六个方面。本项目旨在掌握基本养老保险的缴费比例，养老保险社会统筹与个人账户的相关规定；掌握基本医疗保险的适用范围与缴费比例；掌握工伤保险的适用范围与缴费比例，理解认定工伤、视同工伤与不能认定工伤的情况，识记工伤认定的程序与申请时限；掌握失业保险的申领条件、缴费比例；理解生育保险的缴费比例和一般规定；识记住房公积金缴存时间与缴存比例，识记住房公积金提取的规定。

一、任务知识点

（一）单选题

1. 个人缴纳基本养老保险的比例为（　　）。
A．2%　　　　　B．6%　　　　　C．8%　　　　　D．12%

2. 职工本人养老保险的缴费基数为（　　）。
A．当地上一年度月平均工资　　　　B．职工本人上一年度月平均工资
C．企业职工上一年度月平均工资　　D．职工本人当月工资

3. 基本养老保险缴费基数的范围是（　　）。
A．当地职工上一年度月平均工资的 40%～300%
B．当地职工上一年度月平均工资的 40% 以上
C．当地职工上一年度月平均工资的 60% 以上
D．当地职工上一年度月平均工资的 60%～300%

4. 职工在符合国家规定的退休条件并办理了退休手续后，领取基本养老金的主要依据是（　　）。
A．基本养老保险统筹基金　　　B．本单位职工工资总额
C．个人账户　　　　　　　　　D．工作时的表现

5. 基本养老保险关系转移有两种，即在统一统筹范围内转移和不在统一统筹范围内转移，两者的差别在于（　　）。
A．前者需要额外支付一定比例的费用

B．后者需要额外支付一定比例的费用

C．前者需要转移个人账户基金及办理相关手续

D．后者需要转移个人账户基金及办理相关手续

6．用人单位缴纳的基本医疗保险费分为两部分，一部分用于建立统筹基金，一部分划入个人账户。划入个人账户的比例一般为用人单位缴费的（　　）左右。

A．5%　　　　　　B．10%　　　　　　C．20%　　　　　　D．30%

7．医疗保险统筹基金的起付标准一般要控制在（　　）。

A．当地职工月平均工资的10%左右　　B．当地职工月平均工资的20%左右
C．当地职工月平均工资的30%左右　　D．当地职工月平均工资的40%左右

8．医疗保险统筹基金的最高支付限额一般要控制在（　　）。

A．当地职工月平均工资的3倍左右　　B．当地职工月平均工资的4倍左右
C．当地职工月平均工资的5倍左右　　D．当地职工月平均工资的6倍左右

9．参保医疗保险的人员，一般可以选择3～5家不同层次的医疗结构，其中至少应包括（　　）家基层医疗机构。

A．1～2　　　　　B．2～3　　　　　C．1～3　　　　　D．2～4

10．工伤保险的主体是（　　）。

A．用人单位的职工　　　　　　　　B．城镇居民
C．用人单位　　　　　　　　　　　D．农村居民

11．对于风险较大的行业，工伤保险的基准费率要控制在用人单位职工工资总额的（　　）。

A．0.5%　　　　　B．1.0%　　　　　C．1.5%　　　　　D．2.0%

12．中等风险的行业，工伤保险的缴费费率浮动的频率一般为（　　）。

A．一至两年一次　　B．一至三年一次　　C．两至三年一次　　D．一至五年一次

13．职工发生事故伤害，所在单位应当自事故伤害发生之日起（　　）内，向统筹企业社会保险行政部门提出工伤认定申请。

A．30日　　　　　B．45日　　　　　C．60日　　　　　D．90日

14．用人单位未按规定提出工伤认定申请的，工伤职工或者其近亲属、工会组织在事故伤害发生之日或者被诊断、鉴定为职业病之日起（　　）内，可以直接向用人单位所在地统筹地区社会保险行政部门提出工伤认定申请。

A．一个月　　　　B．三个月　　　　C．半年　　　　　D．一年

15．社会保险行政部门应当自受理工伤认定申请之日起（　　）内做出工伤认定的决定。

A．30日　　　　　B．45日　　　　　C．60日　　　　　D．90日

16．职工因工作遭受事故伤害或者患职业病需要暂停工作接受工伤医疗的，在停工留薪期内，原工资福利待遇不变，由所在单位按月支付。停工留薪期一般不超过（　　）。

A．3个月　　　　　　　　　　B．6个月
C．12个月　　　　　　　　　 D．18个月

17．一次性工亡补助金的标准为（　　）。

A．当地职工上一年度月平均工资的20倍
B．全国城镇居民上一年度月平均工资的20倍
C．当地职工上一年度人均可支配收入的20倍
D．全国城镇居民上一年度人均可支配收入的20倍

18．城镇企业事业单位职工按照本人工资的（　　）缴纳失业保险费。

A．0.5%　　　B．2%　　　C．3%　　　D．6%

19．领取失业保险金的期限最长时间为（　　）。

A．6个月　　　B．12个月　　　C．18个月　　　D．24个月

20．失业人员失业前所在单位和本人按照规定累计缴费时间满一年不足五年的，领取失业保险金的最长期限为（　　）。

A．6个月　　　B．12个月　　　C．18个月　　　D．24个月

21．不符合享受失业保险待遇条件，骗取失业保险金和其他失业保险待遇的，由社会保险经办机构责令退还，情节严重的，罚款的标准是（　　）。

A．由劳动保障行政部门处骗取金额的1倍以上3倍以下罚款
B．由劳动保障行政部门处骗取金额的2倍以上3倍以下罚款
C．由劳动保障行政部门处骗取金额的1倍以上4倍以下罚款
D．由劳动保障行政部门处骗取金额的2倍以上4倍以下罚款

22．用人单位按照本单位职工工资总额的一定比例缴纳生育保险费，缴费比例一般不超过（　　）。

A．1%　　　B．2%　　　C．0.5%　　　D．0.7%

23．女职工生育津贴按照（　　）标准计发。

A．职工所在单位上一年度职工月平均工资
B．职工单位所在地上一年度月平均工资
C．职工本人上一年度月平均工资
D．职工休产假前一个月的工资标准

24．女职工生育享受（　　）天产假。

A．90　　　B．100　　　C．60　　　D．98

25. 企业逾期不缴纳生育保险费，按日加收（　　）的滞纳金。

A．千分之一　　　B．百分之一　　　C．千分之二　　　D．百分之二

26. 新设立的单位应当自设立之日起（　　）内到住房公积金管理中心办理住房公积金缴存登记。

A．7日　　　　　B．15日　　　　　C．30日　　　　　D．45日

27. 单位录用职工的，应当自录用之日起（　　）内到住房公积金管理中心办理缴存登记。

A．7日　　　　　B．15日　　　　　C．30日　　　　　D．45日

28. 新参加工作的职工，公积金缴费基数是（　　）。

A．职工所在单位月平均工资　　　　B．职工本人当月工资

C．当地最低工资　　　　　　　　　D．当地月平均工资

29. 单位不办理住房公积金缴存登记或者不为本单位职工办理住房公积金账户设立手续的，由住房公积金管理中心责令限期办理；逾期不办理的，罚款（　　）。

A．1万元以下　　　　　　　　　　B．1万元以上、3万元以下

C．1万以上、5万元以下　　　　　　D．3万元以上、5万元以下

30. 我国的社会保险是（　　）。

A．国家立法、强制执行的政府行为　B．民主协商、自主确定的企业行为

C．按职工个人意愿决定的个人行为　D．全民参加的公众行为

（二）多选题

1. 基本养老保险个人账户的内容包括（　　）。

A．姓名、性别　　　　　　　　　　B．视同缴费年限

C．社会保障号码　　　　　　　　　D．参加工作时间

2. 劳动者在统一统筹范围内转移养老保险的规定，正确的有（　　）。

A．转移养老保险关系　　　　　　　B．转移个人账户档案

C．不转移个人账户基金　　　　　　D．不转移统筹账户基金

3. 发放基本养老保险的方式包括（　　）。

A．委托银行发放　　　　　　　　　B．依托社区发放

C．设立派出机构发放　　　　　　　D．社会保险经办机构直接发送

4. 下列（　　）情况视同工伤。

A．在工作时间和工作岗位，突发疾病死亡或在48小时之内经抢救无效死亡的

B．在抢险救灾等维护国家利益、公共利益活动中受到伤害的

C．因公外出因工作原因受到伤害或者发生事故下落不明的

D．职工原在军队服役，因战、因公负伤致残，已取得革命伤残军人证，到用人单位后旧伤复发的

5．下列可以认定为工伤的情形有（　　）。

A．在工作时间前后，从事与工作有关的预备性或者收尾性工作受到事故伤害的

B．患职业病的

C．在上下班途中，受到暴力伤害的

D．自残或者自杀的

6．职工因工死亡，其近亲属可以从工伤保险基金领取（　　）。

A．丧葬补助金　　　　　　　　B．供养亲属抚恤金

C．一次性工亡补助金　　　　　D．3个月的工资

7．非因本人意愿中断就业的是指（　　）。

A．终止劳动合同的

B．用人单位解除劳动合同的

C．被用人单位除名的

D．用人单位以暴力、威胁或者非法限制人身自由的手段强迫劳动者解除劳动合同的

8．以下医疗费用不应纳入基本医疗保险基金支付的有（　　）。

A．应当从工伤保险金中支付的　　　B．应当由第三人负担的

C．应当由公共卫生负担的　　　　　D．在境外就医的

9．生育保险待遇包括（　　）。

A．生育的医疗费用　　　　　　B．生育护理费

C．生育津贴　　　　　　　　　D．抚恤金

10．职工满足（　　）情形，职工可以提取住房公积金账户内的存储余额。

A．离休、退休的

B．出境定居的

C．完全丧失劳动能力，并与单位终止劳动关系的

D．购买、建造、翻建、大修自住住房的

（三）判断题

1．职工到达法定退休年龄时累计缴费满15年就可以按月领取基本养老金。（　　）

2．用人单位医疗保险的缴费应控制在职工工资总额的20%左右。（　　）

3．职工发生事故伤害，所在单位应当自事故伤害发生之日起60日内，向统筹企业社会保险行政部门提出工伤认定申请。（　　）

4．重新就业就不能再领取失业保险金了。（　　）

5．职工本人和用人单位住房公积金的缴存比例均不得低于职工上一年度月平均工资的5%。
（　　）

（四）简答题

1．简述停发养老保险金的法定情形。

2．简述工伤职工停止享受工伤保险待遇的法定情形。

3．简述领取失业保险金的人员需满足的条件。

二、任务实训

【实训目的】

进一步加深理解工伤保险的认定和相关规定，进一步掌握生育保险的相关规定，了解生育保险对于保护女性合法权益的重要性。

1．申某是某建筑公司职工。2020年3月18日下午，他未戴安全帽进入一建筑工地现场，恰巧被正在施工的大楼上坠落的水泥碎块击中头部，导致颅骨断裂及脑震荡。治疗两个月后，仍未痊愈，留有后遗症，该建筑公司仅对申某此次负伤报销800元医药费，其余费用的6 000元不予报销，并称，"申某身为公司职工，应当牢记'进入施工现场戴安全帽'的劳动纪律，并且，事故发生地的围栏及施工大楼外部均有显著标识提醒职工必须戴安全帽。而申某却违反纪律，不戴安全帽进入施工现场，导致事故发生。对此，公司并无责任，依法认为申某之伤不是工伤，不能享受工伤保险待遇"。申某不服，向当地劳动争议仲裁委员会申请仲裁，要求享受工伤保险待遇。劳动争议仲裁委员会审理后裁决申某胜诉。

要求：1．申某因违章作业而导致负伤能否认定为工伤？法规根据是什么？

2．单位在面对职工违章导致的工伤理赔时，应当如何处理？

2．2020年9月，王某与一家民营企业签订了为期3年的劳动合同，专门从事广告宣传工作。2021年2月，王某在逛街时不慎摔了一跤，造成骨折，住院治疗了两个半月才基本痊愈。出院后，王某立即去上班。6月，王某怀孕不满3个月便流产了，不得已休了20天的假。20天后，王某刚上班便接到企业人力资源部解除劳动合同的通知，理由是王某半年内累计休病假3个多月，超过了她应享受的3个月的医疗期。

要求：请回答该企业的做法对吗？

项目 3　计算员工的考勤工资

通过本项目的学习,理解企业各类考勤休假表内容及含义;了解缺勤的种类和缺勤天数及相关规定;理解企业出勤天数规定;理解企业考勤工资的计算方法。能够正确根据相关法律法规要求核算员工出勤与休假天数;能够正确计算企业员工的考勤工资。

一、任务知识点

(一) 单选题

1. 某年 10 月,周六周日休假天数为 10 天,法定公休假日为 3 天。则该月满勤天数为(　　)。

   A. 31 天　　　　　　　　　　B. 21 天
   C. 20 天　　　　　　　　　　D. 18 天

2. 员工请病假,必须提供由正规医院开具的(　　)。无相关证据者,按事假处理。

   A. 挂号单　　　　　　　　　　B. 病历和诊断证明
   C. 处方　　　　　　　　　　　D. 缴费证明

3. 一般用在日工资和小时工资的折算中,月计薪天数是(　　)。

   A. 21.75 天　　　　　　　　　B. 当月应出勤天数
   C. 22.83 天　　　　　　　　　D. 实际出勤天数

4. 根据《中华人民共和国婚姻法》及《计划生育条例》的规定,按法定结婚年龄(女 20 周岁,男 22 周岁)结婚的,可享受(　　)婚假。结婚时男女双方不在一地工作的,可视路程远近,另给予路程假。

   A. 3 天　　　　　　　　　　　B. 5 天
   C. 7 天　　　　　　　　　　　D. 10 天

5. 女职工产假期间的生育津贴,对已经参加生育保险的,按照(　　)的标准由生育保险基金支付。

   A. 用人单位本年度职工月平均工资
   B. 女职工上一年度月平均工资
   C. 用人单位上一年度职工月平均工资

D. 女职工产前工资标准

(二) 多选题

1. 员工休（　　）时，必须填写请假单。

A. 病假和事假

B. 公休假、法定日休假

C. 年休假

D. 探亲假

2. 下列休假中，视为带薪休假的有（　　）。

A. 事假　　　　　　　　　　　　B. 探亲假

C. 婚假　　　　　　　　　　　　D. 病假

3. 根据《中华人民共和国劳动法》(2018 年 12 月 29 日）第四十四条规定，下列对于加班工资计算正确的有（　　）。

A. 王某根据公司安排，5 月 1 日加班一天，且公司又不能安排补休，其加班工资按日标准工资的 200%发放

B. 张某根据公司安排，休息日加班两天，且公司又不能安排补休，其加班工资按日标准工资的 200%发放

C. 王某根据公司安排，5 月 1 日加班一天，且公司又不能安排补休，其加班工资按日标准工资的 300%发放

D. 张某根据公司安排，休息日加班两天，且公司又不能安排补休，其加班工资按日标准工资 300%发放

4. 下列有关新入职员工当月工资计算表述正确的有（　　）。

A. 新入职员工当月出勤天数，从入职当日算起

B. 如该员工入职当天为周一，则该周的周六、周日为带薪日，即算入出勤天数；反之，则不算入出勤天数

C. 新入职员工，入职第二周起，至该月月末的周末休息天数算入考勤天数

D. 如该员工入职当天为该月 1 日，则该月的国家法定假日为带薪日，即算入考勤天数；反之，则不算入考勤天数

5. 下列有关年休假表述正确的有（　　）。

A. 探望配偶，每年给予一方探亲假一次，30 天

B. 未婚员工探望父母，每年给假一次，20 天，也可根据实际情况，2 年给假一次，45 天

C. 已婚员工探望父母，每 4 年给假一次，20 天

D. 职工休探亲假时，企业应根据实际需要给予路程假

（三）判断题

1．正常的婚假、探亲假、产假等假满结束后需要继续休假的，视同病假管理。（   ）

2．员工请事假必须按照企业规定的流程，不按照企业规定流程请假的，可视该事假无效，可以按照旷工处置。（   ）

3．职工病假期间遇有国家法定节日(元旦、春节、劳动节、国庆节)和公休假（星期六、日)时，不应算作病假期间。（   ）

4．未参加生育保险的，按照女职工产假前的月标准工资由用人单位支付生育津贴。（   ）

5．职工因工作遭受事故伤害或者患职业病需要暂停工作接受工伤医疗的，在停工留薪期内，原工资福利待遇不变，由所在单位按月支付。（   ）

二、任务实训

【实训目的】

掌握员工休病假、婚假、探亲假、年休假、产假时的考勤工资计算方法及加班工资计算方法。

1．老李是上海一家公司的财务，月标准工资为 8 000 元，除此之外再无奖金、津贴、补贴等其他收入。该公司对员工病假期间的工资无明确规定。某月，老李因身体不适请了 10 天的病假。该月的应出勤天数为 20 天。

要求：请计算老李该月的应发工资。

（提示）据《上海市企业工资支付办法》(2016 年 8 月 1 日）的规定，用人单位与劳动者无约定的，假期工资的计算基数统一按劳动者本人所在岗位（职位）正常出勤月标准工资的 70％确定。

2．小李的月工资标准为 8 000 元，除此之外再无奖金、津贴、补贴等其他收入。某月小李请了 3 天婚假、2 天探亲假，根据规定请了 5 天年休假，其他时间正常出勤。该月的应出勤天数为 22 天。

要求：请计算小李该月的应发工资。

3．李红是某公司信息部的正式员工，正常缴纳生育保险已 5 年多，月标准工资 10 000 元，除此之外再无奖金、津贴、补贴等其他收入。某月该公司应出勤天数为 20 天，前 5 天李红正常出勤，第 6 天开始休产假。

要求：请计算李红该月的应发工资。

4．小王所在的企业实行标准工时制，月标准工资为 4 350 元，除此之外再无奖金、津贴、补贴等其他收入。小王在某年 5 月的工作日晚上加班 2 次，共加班 5 小时，某个双休日加班半天（4 小时），5 月 1 日法定休假日加班 1 天。

要求：请计算小王该月的应发工资。

5．小张所在的企业生产某产品，实行个人计件工资制。该产品的计件单价为 50 元，在标准工作时间内，每月定额生产 100 件合格产品。由于某订单的交期提前，生产任务增加，需要每名员工每月至少生产 120 件合格产品该企业才能完成订单。该年 10 月，为了完成企业下达的生产任务，小张当月除了完成定额的 100 件合格产品外，经车间安排，利用工作日加班多生产了 10 件合格品，利用双休日加班多生产了 5 件合格品，利用法定休假日加班多生产了 5 件合格品。

要求：请计算小张该月的应发工资。

项目 4 认识个人所得税

> "万丈高楼平地起",让我们一起走进个人所得税的世界,从认识纳税人、征税对象和税率开始。2018年6月19日,《中华人民共和国个人所得税法》经历了第七次重大修改。2019年1月1日起全面施行。个人所得税法是调整征税机关与自然人(居民、非居民)之间在个人所得税的征纳与管理过程中所发生的社会关系的法律规范的总称。个人所得税的纳税义务人,既包括居民纳税义务人,也包括非居民纳税义务人。征税所得主要包括9种情况,分别采用综合计税与分类计税的办法,累进税率与比例税率相结合,辅以税收优惠政策。各位同学,关于个人所得税,你是不是和我一样期待呢?让我们一起来学习吧。

一、任务知识点

(一)单选题

1. 个税改革后,下列属于分类所得的项目是(   )。
   A. 稿酬所得 B. 偶然所得
   C. 劳务报酬 D. 特许权使用费所得

2. 个税改革后,居民纳税人取得下列所得按次征税的是(   )。
   A. 特许权使用费所得 B. 利息、股息、红利所得
   C. 劳务报酬所得 D. 经营所得

3. 《个人所得税扣缴申报管理办法(试行)》自(   )起执行。
   A. 2018年10月1日 B. 2018年12月1日
   C. 2019年1月1日 D. 2020年1月1日

4. 扣缴义务人向居民纳税人支付以下(   )时,不需要按预扣预缴方法计算税款。
   A. 利息、股息、红利所得 B. 劳务报酬所得
   C. 稿酬所得 D. 特许权使用费所得

5. 扣缴义务人每月或者每次预扣、代扣的税款,应当在次月(   )日内缴入国库,并向税务机关报送《个人所得税扣缴申报表》。
   A. 五 B. 十
   C. 十五 D. 二十

6. 下列各项中，不应按"特许权使用费所得"征收个人所得税的是（　　）。

A．专利权所得　　　　　　　　　　B．著作权所得

C．稿酬所得　　　　　　　　　　　D．非专利技术所得

（二）多选题

1. 个税改革后，下列所得项目中实行超额累进税率的所得项目有（　　）。

A．工资薪金所得　　　　　　　　　B．偶然所得

C．劳务报酬所得　　　　　　　　　D．经营所得

E．利息股息红利所得

2. 下列关于个人所得税的表述，正确的有（　　）。

A．我国对居民纳税人和非居民纳税人的划分，采用了国际上常用的住所标准和居住时间标准

B．住所通常指公民习惯性居住的地方

C．一个纳税年度内在中国境内居住满183日，即为居民纳税人

D．我国税法规定的住所标准和居住时间标准，要同时满足才可以被认定为居民纳税人

E．居民纳税人应就其来源于中国境内和境外的所得，依法缴纳个人所得税

（三）判断题

1. 外籍个人李某在境外任职，因工作原因，2018年11月1日至2019年6月1日在中国境内提供劳务，境外公司发放给李某的工资、薪金所得，按照国内税法规定，应在中国缴纳个人所得税。（　　）

2. 居民个人因移居境外注销中国户籍的，应当在申请注销户籍后，向户籍所在地主管税务机关办理注销中国户籍纳税申报。（　　）

3. 居民个人取得中国境外所得的，应当在取得所得的次年1月1日至1月31日内，向税务机关办理纳税申报。（　　）

4. 居民个人取得中国境外所得，如在中国境内没有任职、受雇单位，并且户籍所在地与中国境内经常居住地不一致的，选择其中一地的主管税务机关申报。（　　）

5. 扣缴义务人向个人支付应税所得或代扣税款的，应当依法办理全员全额扣缴申报。（　　）

6. 扣缴义务人向非居民个人支付工资、薪金所得时，应当按照累计预扣法计算预扣税款，并按月办理扣缴申报。（　　）

7. 非居民个人达到居民个人条件时，一个纳税年度内税款扣缴方法保持不变。（　　）

8. 纳税人可以在年度中间要求扣缴义务人提供其个人所得和已扣缴税款等信息。（　　）

二、任务实训

【实训目的】

掌握比例税率和累进税率的不同，并且进一步掌握全额累进与超额累进税率的不同之处。

纳税人甲某获得一项收入 60 000 元，比例税率为 20%，累进税率表如表 1 所示。

表 1　累进税率表

单位：元

级数	所得额	税率	速算扣除数
一	不超过 20 000 元的部分	20%	0
二	超过 20 000 元至 50 000 元的部分	30%	2 000
三	超过 50 000 元的部分	40%	7 000

要求：分别按照比例税率、全额累进税率、超额累进税率计算纳税人甲该项收入应缴纳的个人所得税。

项目 5　居民综合所得个人所得税的计算

居民综合所得包括工资、薪金所得，劳务报酬所得，稿酬所得，特许权使用费所得等。本项目主要包括工资、薪金中累计收入、累计减除费用、累计专项扣除的计算，工资、薪金中累计专项附加扣除的计算，劳务报酬所得、特许权使用费所得、稿酬所得预扣预缴个人所得税的计算等。

一、任务知识点

（一）单选题

1. 根据个人所得税法律制度的规定，下列各项中，应缴纳个人所得税的是（　　）。
   A. 误餐补助　　　　　　　　　B. 托儿补助费
   C. 差旅费津贴　　　　　　　　D. 年终加薪

2. 根据个人所得税法律制度的规定，下列各项中，属于免税项目的是（　　）。
   A. 按国家统一规定发放的退休工资　　B. 退休人员从原任职单位取得的补贴
   C. 内部退休（内退）取得的一次性收入　　D. 按提前退休取得的一次性补贴

3. 对于县级政府颁布的科学、教育、技术、文化、卫生、体育、环境保护等方面的奖金（　　）。
   A. 免征个人所得税　　　　　　B. 适当减征个人所得税
   C. 减半征收个人所得税　　　　D. 征收个人所得税

4. 扣缴义务人向居民个人支付（　　）时，应当按照累计预扣法计算预扣税款。
   A. 劳务报酬所得　　　　　　　B. 稿酬所得
   C. 特许使用费所得　　　　　　D. 工资、薪金所得

5. 累计减除费用，按照每月 5 000 元乘以（　　）计算。
   A. 纳税人当年在本单位的实际工作月份数
   B. 纳税人当年实际任职月份数
   C. 纳税人当年在本单位的任职受雇月份数
   D. 当年自然月份数

6. 纳税人张某符合租房居住的房屋租金扣除条件，具体租房时间自 2020 年 5 月份起，他可以开始享受租房居住的房屋租金扣除的具体时间是（　　）。

　　A．2020 年 5 月　　　B．2020 年 4 月　　　C．2020 年 6 月　　　D．2021 年 1 月

7. 下列属于综合所得中依法确定的其他扣除项目有（　　）。

　　A．三险一金　　　B．大病医疗　　　C．健康保险支出　　　D．保险赔款

8. 赵某与钱某为夫妻关系，两人婚后购买了首套住房，支付首付后其余房屋资金通过按揭贷款方式还款，下列说法正确的是（　　）。

　　A．赵某与钱某两人可按一人一半费用扣除住房贷款利息

　　B．赵某和钱某均可扣除的额度是 1 000 元

　　C．赵某和钱某可以由其中一人扣除，每月扣除费用是 1 000 元

　　D．赵某、钱某所购买的住房如果在北上广深等城市，扣除的标准要高于 1 000 元

9. 纳税人赡养（　　）父母及其他法定赡养人的赡养支出，可以按照标准定额扣除。

　　A．50 岁以上　　　　　　　　　　B．60 岁以上

　　C．50 岁（含）以上　　　　　　　D．60 岁（含）以上

10. 子女教育专项附加扣除的标准是（　　）。

　　A．每孩每月 1 500 元　　　　　　B．每孩每月 800 元

　　C．每孩每月 1 200 元　　　　　　D．每孩每月 1 000 元

11. 2021 年 1—12 月，我国居民甲的全年收入情况：工资 7 800 元/月，加班工资 100 元/月，差旅费津贴 1 800 元/月，2021 年居民甲缴纳的个人所得税是（　　）元。

　　A．3 120　　　　B．1 008　　　　C．1 044　　　　D．6 960

12. 应纳税所得额不超过 36 000 元时，适用的税率为（　　）。

　　A．3%　　　　　B．5%　　　　　C．2%　　　　　D．3.5%

13. 张某 2 月份综合所得扣除相关费用后，应纳税所得额为 6 000 元，应纳所得税额为（　　）元。

　　A．180　　　　　B．280　　　　　C．300　　　　　D．181

14. 2019 年后个人取得的特许权使用费所得，利息、股息、红利所得、财产转让所得，财产租赁所得和偶然所得，适用的税率为（　　）。

　　A．20%　　　　　　　　　　　　B．减除 20%的费用后，按 20%的税率计征

　　C．20%的税率减按 70%计征　　　D．14%

15. 某主编 2021 年 6 月的工资为 10 000 元人民币，其中含差旅费津贴 1 000 元，托儿补助费 500 元，则其在 6 月份应缴纳的个人所得税为（　　）元。

　　A．300　　　　　B．150　　　　　C．270　　　　　D．255

16. 根据个人所得税法律制度的规定，下列所得不属于劳务报酬所得的是（　　）。

A. 报刊记者在本报刊上刊登文章获得的报酬

B. 在校学生参加勤工俭学获得的报酬

C. 个人兼职取得的收入

D. 证券经纪人从证券公司取得的佣金收入

17. 根据个人所得税法律制度的规定，个人转让房屋所得应使用的税目是（　　）。

A. 财产转让所得　　　　　　　　B. 偶然所得

C. 特许权使用费所得　　　　　　D. 劳务报酬所得

18. 下列各项中，符合我国个人所得税法律制度的是（　　）。

A. 偶然所得按每次收入额为应纳税所得额

B. 劳务报酬所得按收入额减按70%计算

C. 个人领取原提存的住房公积金应缴纳个人所得税

D. 取得的国债利息收入应依法纳税

19. 个人出租房屋使用权取得的所得是（　　）。

A. 劳务所得　　　　　　　　　　B. 财产转让所得

C. 财产租赁所得　　　　　　　　D. 特许权使用费所得

20. 下列项目中，未规定可以一个月内取得的收入为一次纳税的是（　　）。

A. 稿酬所得　　　　　　　　　　B. 劳务报酬所得

C. 财产租赁所得　　　　　　　　D. 利息所得

（二）多选题

1. 根据个人所得税法律制度的规定，下列各项中，不应缴纳个人所得税的有（　　）。

A. 误餐补助　　　　　　　　　　B. 托儿补助费

C. 差旅费津贴　　　　　　　　　D. 年终加薪

2. 根据个人所得税法律制度的规定，下列各项中不属于免税项目的有（　　）。

A. 按国家统一规定发放的退休工资　　B. 退休人员从原任职单位取得的补贴

C. 内部退休（内退）取得的一次性收入　D. 按提前退休取得的一次性补贴

3. 下列项目中，要征收个人所得税的有（　　）。

A. 单位发给职工的话费补贴

B. 单位发放的加班补贴

C. 个人因为科技创新成果获得省政府发放的科技创新奖金

D. 民间借贷利息收入

4．根据个人所得税法律制度的规定，下列各项中，不属于工资、薪金所得的有（　　）。
  A．劳动分红 B．托儿补助费
  C．独生子女补贴 D．误餐补助

5．下列项目中，属于个人所得税中工资、薪金所得的项目有（　　）。
  A．奖金 B．年终加薪
  C．独生子女补贴 D．加班费

6．纳税人可享受的专项附加扣除项目，除赡养老人之外，还包括（　　）。
  A．子女教育 B．继续教育
  C．大病医疗 D．住房贷款利息或者住房房租
  E．住房公积金

7．某纳税人在北京工作，存在以下（　　）情况的，不允许享受租房居住的房屋租金扣除。
  A．纳税人本人名下拥有北京市区住房
  B．纳税人配偶名下拥有北京市远郊区住房
  C．纳税人父母名下拥有北京市区住房
  D．纳税人本人名下拥有天津市郊区住房
  E．纳税人配偶已申请享受购买首套住房贷款利息扣除

8．纳税人享受子女教育专项附加扣除政策的，其子女接受学历教育的范围包括（　　）。
  A．小学和初中 B．普通高中 C．中等职业教育 D．大学本科
  E．博士后

9．纳税人发生的（　　）支出，可以按照继续教育专项附加扣除政策扣除。
  A．硕士研究生教育 B．经济师 C．税务师 D．书法培训班
  E．注册会计师

10．2019年，纳税人李某已享受购买首套住房贷款利息专项附加扣除，当年还可能扣除的项目有（　　）。
  A．子女教育 B．大病医疗 C．继续教育 D．住房租金
  E．赡养老人

11．个税改革后，下列所得项目中实行超额累进税率的有（　　）。
  A．工资、薪金所得 B．偶然所得
  C．劳务报酬所得 D．经营所得
  E．利息、股息、红利所得

12．以下各项所得适用累进税率的有（　　）。
  A．工资、薪金所得 B．个体工商户生产经营所得

C．劳务报酬所得 D．偶然所得

13．下列应纳税所得额的计算正确的有（　　）。

A．孙某取得上市公司股息 5 000 元，应纳税所得额为 4 000 元

B．2020 年，张某取得稿酬所得 20 000 元，假定无其他综合所得，应纳税所得额为 11 200 元

C．李某转让一套住房，取得 500 万元，该房屋购买时支出 120 万元，无相关税费，本次转让住房应纳税所得额为 380 万元

D．王某购买彩票中彩获得 20 万元，应纳税所得额为 16 万元

14．根据个人所得税法律制度的规定，以下所得使用 20% 比例税率的有（　　）。

A．工资、薪金所得 B．财产转让所得
C．财产租赁所得 D．特许权使用费所得

15．下列各项中，属于稿酬所得的有（　　）。

A．发表书画作品的所得 B．发表文学作品的所得
C．发表摄影作品的所得 D．拍卖手稿原件的所得

16．以下应按照财产转让所得项目征收个人所得税的有（　　）。

A．个人转让股票取得的所得

B．个人转让住房取得的所得

C．个人通过网络收藏游戏皮肤，加价后向他人出售取得的所得　D．个人将自己的绘画作品手稿拍卖取得的所得

（三）判断题

1．个人领取原提存的住房公积金应缴纳个人所得税。　　　　　　　　　　　　　　（　　）

2．取得的国债利息收入应依法纳税。　　　　　　　　　　　　　　　　　　　　　（　　）

3．对于县级政府颁发的科学、教育、技术、文化、卫生、体育、环境保护等方面的奖金，应征收个人所得税。　　　　　　　　　　　　　　　　　　　　　　　　　　　　　　　（　　）

4．工资、薪金所得执行累计预扣预缴制度。　　　　　　　　　　　　　　　　　　（　　）

5．纳税人赡养 2 个以上老人的，不以老人人数的增加而加倍扣除费用。　　　　　（　　）

6．纳税人享受子女教育专项附加扣除的，可以选择由其中一方按扣除标准的 100% 扣除，也可以选择由夫妻双方分别按照扣除标准的 50% 扣除。　　　　　　　　　　　　　　　（　　）

7．在境外学校接受全日制学历教育的子女，其父母不可以享受子女教育专项附加扣除政策。　　　　　　　　　　　　　　　　　　　　　　　　　　　　　　　　　　　　　（　　）

8．购买首套住房贷款利息的扣除标准是全国统一的。　　　　　　　　　　　　　　（　　）

9．经夫妻双方约定，纳税人发生的符合条件的住房贷款利息支出可以选择由其中一方扣除，或由双方分别按照 50% 扣除，具体扣除方式在一个纳税年度内不能变更。　　　　　（　　）

10. 2019年1月1日后，非居民个人取得的工资、薪金所得，以每个月收入额减除费用5 000元专项附加扣除后的余额为应纳税所得额，适用按月换算后的综合所得税率表。
（　　）

11. 我国居民个人综合所得实行3%～45%的7级超额累进税率。（　　）

12. 根据个人所得税综合所得税率表，应纳税所得额为92 000元时，使用的税率为10%，速算扣除数为2 520元。（　　）

13. 2019年1月1日后，居民个人取得的特许权使用费、利息、股息、红利所得，财产转让所得、财产租赁所得和偶然所得，适用20%的比例税率，计算征收个人所得税。（　　）

14. 2019年1月1日后，居民个人取得的劳务报酬所得、特许权使用费所得以收入减除20%费用后的余额为收入额，稿酬所得的收入额减按70%计算。（　　）

15. 甲与乙共同为W公司提供劳务服务，两人共收入10万元劳务报酬，其中甲分得6万元，乙分得4万元，二人可以分别减除费用，分别单独计算个人所得税。（　　）

16. 个人取得专利赔偿所得，应当按照偶然所得缴纳个人所得税。（　　）

17. A公司的张某参加B公司的周年庆典活动，收到B公司的微信红包，应按偶然所得缴纳个人所得税。（　　）

二、任务实训

实训一

【实训目的】

掌握工资、薪金所得中累计减除费用及累计专项扣除的组成，并进一步掌握各项内容的计算，为后续学习应税项目及应纳税所得额的相关内容打下基础。

甲公司属于生产电冰箱的企业，属于一般纳税人，适用增值税税率为13%，所得税税率为25%。为了奖励优秀职工，股东会于2021年12月5日做出一项决议：向50名优秀职工每人奖励自产高档电冰箱一台，每台电冰箱的成本为1 000元，成本合计50 000元。其中，管理人员10人，销售人员5人，研发人员10人，生产人员15人，车间人员10人，公司对外销售的市场价格为每台2 000元。甲公司发放电冰箱时，还给每位员工发放了奖状和"优秀职工证书"，未提供冰箱发票或其他书面凭证。

要求：1. 甲公司这50名优秀职工获奖励的高档电冰箱是否应计入每名优秀职工的累计工资、薪金收入总额？为什么？

2. 如果奖励的高档电冰箱应计入每名优秀员工的工资、薪金总额，那么每台冰箱具体应折合为多少元？

实训二

【实训目的】

掌握累计专项附加扣除项目的组成内容及相关法律法规和政策的规定，进一步掌握各项内容的综合计算，为后续课程中应纳税所得额及应纳所得税额等相关知识内容的掌握打下基础。

张某及其妻子李某在北京工作，他们当年度扣除三险一金后的年收入分别为 55 万元和 30 万元。他们关于个人所得税累计专项附加扣除满足的基本情况如下。

（1）两人名下在河北石家庄有一处房产，在北京每月发生固定租金支出（夫妻两人是共同承租人）。

（2）他们育有 1 个孩子，正在上小学。张某和女儿在当年由于身体不佳，分别支出大病医疗费用（医保目录范围内自付部分）15 万元和 9 万元。

（3）张某和李某两人都是独生子女，而且两个人的父母都已经年满 60 周岁。

（4）张某在工作之余攻读了在职研究生，并且在今年通过了会计中级职称和经济师中级的考试，已经取得了会计中级职称证书和经济师中级证书。

要求：请完成下列实训任务：

1．请分析张某及李某家庭开支中可扣除的累计专项附加扣除费用。

2．将本题中的专项附加费用分类，请分析哪些是必须由张某、李某扣除的累计专项附加费用？哪些是可选择由张某或李某扣除的累计专项附加扣除费用？

实训三

【实训目的】

掌握累计专项附加扣除项目的组成内容及相关法律、法规及政策的规定，进一步掌握各月预扣预缴数额的综合计算，为后续课程中应纳税所得额及应纳税额等相关知识内容的掌握打下基础。

1．某职员于 2019 年 1 月入职，2019 年每月应发工资均为 10 000 元，每月减除费用 5 000 元，三险一金等专项扣除为 1 500 元，从 1 月起享受子女教育专项附加扣除 1 000 元，没有减免收入及减免税额等情况。

要求：请计算前三个月应预扣预缴的所得税额。

2．某公司职员小张于 2020 年 1 月入职，2020 年每月应发工资均为 30 000 元，每月减除费用 5 000 元，三险一金等专项扣除为 4 500 元，享受子女教育、赡养老人两项专项附加扣除共计 2 000 元，没有减免收入及减免税额等情况。

要求：请计算前三个月该公司对小张综合所得各月及全年应预扣预缴的所得税额。

实训四

【实训目的】

掌握累计专项附加扣除项目的组成内容及相关法律法规及政策的规定，进一步理解各月预扣预缴所得税额总数的计算方法，为后续课程的掌握打下基础。

根据配套教材项目五资料统计，楚云飞每月工资、薪金所得总额为 20 400 元，扣除减除费用、专项扣除费用、专项附加扣除费用外，每月的应纳税所得额均为 7 521.67 元。此外当年 6 月取得高费补助 500 元，11 月取得取暖费补助 2 000 元。

要求：请根据上述资料，完成下列任务：

1．请按月分别计算楚云飞 2020 年 1—12 月应预扣预缴的所得税额。

2．请计算楚云飞 2020 年 1—12 月应预扣预缴的税额汇总数。

3．请将本题楚云飞 2 020 全年应预扣预缴的税额汇总数与配套教材任务 2.1.3 任务执行环节相比较，看这两个计算结果是否一致并进行分析。

实训五

【实训目的】

通过两个实训任务，理解居民纳税人劳务报酬所得计税的相关法律规定，进一步掌握劳务报酬所得可扣减费用的计算方法，为后续课程中应纳税所得额及应纳所得税额等相关知识内容的掌握打下基础。

1．假如某居民个人取得劳务报酬所得 20 000 元。

要求：请计算这笔所得应预扣预缴的个人所得税税额。

2．某居民任职于国内某科技开发有限公司，职位是软件工程师。2021 年 1 月初在 S 大学授课取得 3 600 元，并自行承担往返交通费 1 900 元；1 月底为 A 公司提供技术咨询服务，获得 6 000 元报酬。

要求：请计算该居民当月授课与提供技术咨询服务应预扣预缴的个人所得税税额。

实训六

【实训目的】

理解居民纳税人专利技术转让等特许权使用费的相关法律规定，进一步掌握特许权使用费所得可扣减费用的计算方法，为后续课程中应纳税所得额及应纳所得税额等相关知识内容的掌握打下基础。

2021 年 6 月，工程师刘女士转让一项专利技术，获得转让收入 85 000 元，已知其在开发专利技术的过程中，成本费用开支为 23 000 元。

要求：请问刘女士该笔费用应缴纳的个人所得税额为多少？

实训七

【实训目的】

理解居民纳税人稿酬所得应纳所得税额的相关法律规定，进一步掌握稿酬所得可扣减费用的计算方法及"连载后再行出版的，视为两次所得征收个人所得税"等具体法律规定，为后续课程中应纳税所得额及应纳所得税额等相关知识内容的掌握打下基础。

国内某作家的一篇小说在某晚报上连载三个月，每月取得的稿酬为 3 900 元，然后被某出版社出版，一次性取得稿酬 30 000 元。

要求： 请计算这位作家的稿酬所得应缴纳的个人所得税。

实训八

【实训目的】

掌握全年一次性奖金的纳税方法，解除劳动合同一次性补偿收入的纳税方法及提前退休获得一次性补偿收入的纳税方法。

1. 某公司业务人员李四 2019 年每月平均工资为 6 000 元，允许扣除的社保等专项扣除费用 500 元、每月专项附加扣除 3 000 元；李四 2019 年 2 月取得 2018 年度全年一次性奖金 36 000 元，没有劳务报酬等其他综合所得收入。

要求： 试用两种方法分别计算该笔奖金应缴纳的个人所得税。

2. 老李全年工资为 20 万元，年底奖金为 2.4 万元，假设可享受三险一金、赡养老人等扣除共 4.4 万元。

要求： 在年度汇算时，他该怎么缴税呢？

3. 小张全年工资为 12 万元，年底奖金为 6 万元，假设可享受三险一金、赡养老人等扣除共 4 万元。

要求： 在年度汇算时，他该怎么缴税呢？

4. 2020 年 6 月，某公司因为增效减员与已经在单位工作 10 年的小张解除劳务合同，公司支付小张一次性补偿金 20 万元，当地上一年度职工平均工资为 36 000 元。

要求： 张某应该就该项一次性补偿收入缴纳的个人所得税为多少？

5. 2020 年 5 月，甲公司与员工张某解除劳务合同，张某取得一次性经济补偿收入 370 000 元，已实际缴纳三险一金共计 40 000 元。假定当地上一年度职工平均工资为 80 000 元。

要求： 甲公司应如何进行扣缴申报？

6. 某市张某 2021 年 6 月取得解除劳动合同一次性补偿金 300 000 元，当地上一年职工平均工资为 75 456 元。

要求： 张某此次补偿金应纳多少个人所得税？

7. 某市李某 2021 年 6 月取得解除劳动合同一次性补偿金 50 000 元，当地上一年职工平均工资为 58 000 元。

要求：张某此次补偿金应纳多少个人所得税？

8. 老刘因个人原因，符合规定可申请提前退休，于 2021 年 1 月办理提前退休手续，比正常退休提前 4 年，取得单位按照统一标准发放的一次性补贴收入 50 000 元。当月，老刘还领取退休工资 5 000 元。

要求：请分析老刘的这两笔收入是否应缴纳个人所得税？如果缴纳，金额是多少？

9. 李海 2019 年每月取得工资 7 000 元。2019 年 5 月，李海办理了内部退养手续，从单位取得了一次性内部退养收入 10 万元。李海离正式退休时间还有 20 个月，假定李海 2019 年没有其他综合所得，可享受子女教育专项附加扣除。

要求：李海应缴纳的个人所得税是多少？

实训九

【实训目的】

掌握综合所得汇算清缴的方法，练习税收筹划。

1. 中嘉创新实业集团旗下职工郑某与他的妻子王某 2021 年取得下列所得。

（1）郑某全年取得基本工资收入 500 000 元，全年负担的三险一金为 39 600 元；王某全年取得基本工资收入 90 000 元，全年负担的三险一金为 5 500 元。

（2）郑某与王某 7 年前结婚前分别贷款购买了人生中的第一套住房，贷款利息分别为商业贷款 7 800 元/月和公积金贷款 2 100 元/月。

（3）郑某的儿子 2018 年 4 月 20 日出生，女儿 2019 年春节出生。

（4）郑某和妻子均为独生子女，郑某的父亲已经满 60 周岁，母亲 56 岁，郑某的父母均有退休工资，不需要郑某支付赡养费；王某的父母均已满 60 周岁。

（5）王某参加了 2019 年税务师考试，购买了网校课程共支出 3 000 元，通过努力于 2021 年 3 月拿到税务师证书，并获得了网校颁发的全国状元奖金 50 000 元。

（6）12 月，郑某取得一次性年终奖 350 000 元，储蓄存款利息 2 000 元，保险赔偿 5 000 元，省政府颁发的科技创新奖金 120 000 元；王某取得一次性年终奖 39 000 元。

要求：以家庭总税负最优为目的，选择专项附加扣除方式并计算相应的个人所得税，填入表 2。

（填入表格中的数据计算结果保留 2 位小数；若使用表格内数据计算的，直接以保留 2 位小数后的数值来进行计算。）

表2　纳税优化方案计算表

单位：元

项目	专项附加扣除人	专项附加扣除比例	郑某	王某
工资收入				
专项扣除				
住房贷款				
子女教育				
赡养老人				
继续教育				
一次性年终奖				
综合所得的应纳税所得额				
其他计税所得额				
全年应纳个人所得税额				

2. 中国公民赵某与他的妻子钱某2021年取得下列所得。

（1）赵某全年取得基本工资收入300 000元，全年负担的三险一金为26 000元；钱某全年取得基本工资收入106 000元，全年负担的三险一金为6 500元。

（2）赵某与钱某在老家天津购置一套住房，贷款利息为公积金贷款2 000元/月。2019年，一家三口搬到北京发展，现租用一套住房，每月支付房租3 500元。

（3）他们的儿子2019年9月年满3岁开始上幼儿园。

（4）赵某与妻子均为独生子女，赵某的父亲2021年4月年满60周岁，但当年9月去世，母亲未满60周岁；钱某的父母均未满60周岁。

要求：以家庭总税负最优为目的，选择专项附加扣除方式并计算相应个人所得税，填入表3，以元为单位。

表3　纳税优化方案计算表

单位：元

项目	专项附加扣除人	专项附加扣除比例	赵某	钱某
工资收入				
专项扣除				
住房贷款				
子女教育				
赡养老人				
住房租金				
综合所得的应纳税所得额				
全年应纳个人所得税额				

项目6 其他各类收入个人所得税的计算

> 收入的种类，除我们常见的工资、劳务费用以外，还有不少我们日常生活中不太常见，但也是我们年度收入的重要组成部分，包括个人经营所得、财产租赁所得、财产转让所得，以及利息、股息、红利所得。下面我们结合具体题目和实训案例，进一步熟悉并掌握其他各类收入应纳个人所得税的计算。

一、任务知识点

（一）单选题

1. 根据税法规定，个人转让自用达（   ）以上，并且是家庭唯一居住用房所取得的所得，暂免征收个人所得税。

    A. 一年　　　　　　B. 三年　　　　　　C. 五年　　　　　　D. 十年

2. 个体工商户发生的下列支出中，允许在个人所得税税前扣除的是（   ）。

    A. 用于家庭的支出

    B. 非广告性质的赞助支出

    C. 已缴纳的增值税税款

    D. 生产经营过程中发生的财产转让损失

3. 个人取得的下列利息收入中，应缴纳个人所得税的是（   ）。

    A. 财政部发行国债的利息

    B. 国家发行金融债券的利息

    C. 企业发行公司债券的利息

    D. 个人教育储蓄存款的利息

4. 某个体工商户发生的下列支出中，允许在个人所得税税前扣除的是（   ）。

    A. 家庭生活用电支出

    B. 直接向某灾区小学的捐赠

    C. 已缴纳的城市维护建设税及教育费附加

    D. 代公司员工负担的个人所得税税款

5. 2021年10月，李某购买福利彩票，取得一次性中奖收入3万元，购买彩票支出400元。已知偶然所得的个人所得税税率为20%。下列算式中，计算李某中奖收入所得税税额正确的是（　　）。

A．30 000×（1-20%）×20%=4 800（元）

B．(30 000-400)×20%=5 920（元）

C．30 000×20%=6 000（元）

D．(30 000-400)×（1-20%）×20%=4 736（元）

（二）多选题

1．个体工商户业主、个人独资企业投资者、合伙企业个人合伙人、承包承租经营者个人，以及其他从事生产、经营活动的个人取得应税经营所得包括的情形有（　　）。

A．个人通过在中国境内注册登记的个体工商户、个人独资企业、合伙企业从事生产、经营活动取得的所得

B．个人依法取得执照，从事办学、医疗、咨询，以及其他有偿服务活动取得的所得

C．个人从事设计、审稿、打字等劳务取得的所得

D．个人从事其他生产、经营活动取得的所得

E．个人承包、承租、转包、转租取得的所得

2．下列应纳税所得额的计算正确的有（　　）。

A．非居民汤姆先生，当月取得归属于境内的工资收入10万元，应纳税所得额为95 000元

B．李某取得上市公司股息5 000元，应纳税所得额为4 000元

C．2019年，孙某取得稿酬所得2万元，假定其无其他综合所得，应纳税所得额为1.12万元

D．刘某转让一套住房，取得收入500万元，该房屋原来以120万元购买，无相关税费，应纳税所得额为380万元

E．朱某购买彩票中奖取得收入20万元，应纳税所得额为16万元

（三）判断题

1．2019年1月1日后，个人取得的特许权使用费、利息、股息、红利所得，财产转让所得，财产租赁所得和偶然所得，适用20%的比例税率，计算征收个人所得税。（　　）

2．纳税人取得经营所得，按月或按季计算应纳个人所得税，向经营管理所在地主管税务机关办理纳税申报。（　　）

二、任务实训

【实训目的】

掌握其他收入包括的项目,并能正确计算应纳税所得额。

李某 2019 年发生了以下经济行为。

(1) 1 月,李某承包了甲企业的招待所,按照合同规定,招待所的年经营利润(不含工资)全部归李某所有,但是其每年应该上缴承包费 20 000 元。李某每月可从经营收入中支取工资 6 000 元。当年招待所实现经营利润 85 000 元。

(2) 3 月,李某将承租的一套住房转租给他人居住。李某承租的住房租金为每月 2 000 元(有房屋租赁合同和合法支付凭据),其转租的租金收入为每月 3 000 元。

经营所得税率表如表 4 所示。

表 4　经营所得税率表

级数	全年应纳税所得额	税率/%	速算扣除数/元
1	不超过 30 000 元的	5	0
2	超过 30 000 元至 90 000 元的部分	10	1 500
3	超过 90 000 元至 300 000 元的部分	20	10 500
4	超过 300 000 元至 500 000 元的部分	30	40 500
5	超过 500 000 元的部分	35	65 500

要求:1. 计算李某经营招待所应纳的个人所得税。

2. 按次序写出转租收入应纳个人所得税的税前扣除项目。

项目7 非居民个人各类所得预扣预缴个人所得税的计算

> 在中国境内无住所又不居住,或者无住所而一个纳税年度内在中国境内居住累计不满183天的个人,应判定为非居民个人。非居民个人从中国境内取得的所得,应依法缴纳个人所得税。非居民个人取得工资、薪金所得,劳务报酬所得,稿酬所得,特许权使用费所得等四项所得时应缴纳的个人所得税的计算并不同于居民个人,也不进行汇算清缴。那么对非居民个人这几项所得代扣代缴个人所得税时如何计算应纳税所得额?税率如何确认?应纳所得税额如何计算?同居民个人综合所得个人所得税计算相比有哪些差别?这些都是在这个模块中我们要进行探索和学习的。

一、任务知识点

(一) 单选题

1. 在天津一外商投资企业中工作的美国专家刚到中国一个月,2020年4月取得由该企业发放的工资收入12 000元人民币,其应缴纳的个人所得税额为(   )。

   A. 290元　　　　B. 395元　　　　C. 490元　　　　D. 485元

2. 非居民个人亨利2019年取得30 000元劳务报酬,应缴纳个人所得税(   )。

   A. 3 530元　　　B. 3 390元　　　C. 3 500元　　　D. 3 300元

3. 非居民个人琳达2019年取得30 000元稿酬,应缴纳个人所得税(   )。

   A. 2 373元　　　B. 3 390元　　　C. 1 950元　　　D. 2 020元

4. 非居民个人在中国境内从两处以上取得工资、薪金所得的,应当向其中一处任职、受雇单位所在地的主管税务机关办理纳税申报,办理纳税申报的时间是在(   )。

   A. 取得所得的次月15日内　　　　B. 取得所得的季度终了后15日内
   C. 取得所得的次年3月15日前　　　D. 取得所得的次年6月30日前

5. 非居民个人取得(   )时,应当以收入额减除20%的费用后的余额作为收入额,并减按70%计算。

   A. 工资、薪金所得　　　　　　　　B. 劳务报酬所得

C．稿酬所得　　　　　　　　　　　D．特许权使用费所得

（二）多选题

1．扣缴义务人向非居民纳税人支付以下（　　）时，不需要按预扣预缴方法计算税款。

A．工资、薪金所得　　　　　　　　B．劳务报酬所得

C．稿酬所得　　　　　　　　　　　D．特许权使用费所得

2．非居民个人取得（　　）所得时，应当以收入额减除20%的费用后的余额为收入额。

A．工资、薪金所得　　　　　　　　B．劳务报酬所得

C．稿酬所得　　　　　　　　　　　D．特许权使用费所得

3．下列应纳税所得额的计算正确的有（　　）。

A．非居民个人汤姆先生，当月取得归属于境内的工资收入10万元，应纳税所得额为95 000元

B．非居民个人路易斯取得劳务报酬所得5 000元，应纳税所得额为4 200元

C．2019年，非居民个人玛丽取得稿酬所得2万元，假定其无其他综合所得，应纳税所得额为1.12万元

D．非居民个人孙某转让专利，获得特许权使用费10万元，应纳税所得额为8万元

（三）判断题

1．非居民个人由于在中国境内取得的劳务报酬低于4 000元，在预扣预缴时，要先扣除800元。（　　）

2．扣缴义务人向自然人支付综合所得应税所得时，不必履行代扣代缴个人所得税的义务。（　　）

3．非居民个人在一个纳税年度内税款扣缴方法保持不变，达到居民个人条件时，应当告知扣缴义务人基础信息变化情况，年度终了后按照居民个人有关规定办理汇算清缴。（　　）

4．非居民个人取得的劳务报酬所得的计税方法与居民个人的计税方法完全相同。（　　）

5．扣缴义务人在首次办理个税扣缴申报时，应将在中国境内无住所又不居住，或者无住所而一个纳税年度内在中国境内居住累计不满183天的个人，预先判定为非居民个人。（　　）

6．非居民个人安娜同时从两个公司取得的工资、薪金所得，应当以汇总并减除费用5 000元后的余额为应纳税所得额，在2020年6月15日之前选择其中一家公司所在地的主管税务机关进行自行申报。（　　）

7．外籍个人李某在境外任职，因工作原因，2018年11月1日至2019年6月1日在中国境内提供劳务，境外公司发放给李某的工资、薪金所得，按照国内税法规定，应在中国缴纳个人所得税。（　　）

8. 2019年1月1日后，非居民个人取得的工资、薪金所得，以每月收入额减除费用 5 000元、专项附加扣除后的余额为应纳税所得额，适用按月换算后的综合所得税率表。（　　）

9. 非居民个人取得工资、薪金所得，劳务报酬所得且有两个以上扣缴义务人未扣缴税款的，非居民个人应分别向各扣缴义务人所在地的税务机关办理纳税申报。（　　）

10. 非居民个人达到居民个人条件时，一个纳税年度内税款扣缴方法保持不变。（　　）

11. 扣缴义务人在向非居民个人支付工资、薪金所得时，应当按照累计预扣法计算预扣税款，并按月办理扣缴申报。（　　）

二、任务实训

【实训目的】

掌握非居民取得四项所得（工资、薪金所得，劳务报酬所得，稿酬所得和特许权使用费所得）时，预扣预缴个人所得税款的计算。

美国人凯伦为非居民个人，2019年9月在我国取得的收入情况如下：取得甲公司发放的工资、薪金所得 10 000元，取得乙公司的设计收入 200 000元；在某出版社出版了书籍一本，获得稿酬 100 000元；将其拥有的一项专利技术提供给丙公司使用，收取使用费 50 000元。

按月换算后的综合所得税率表如表5所示。

表5　按月换算后的综合所得税率表

级数	应纳税所得额	税率/%	速算扣除数/元
1	不超过 3 000 元的	3	0
2	超过 3 000 元至 12 000 元的部分	10	210
3	超过 12 000 元至 25 000 元的部分	20	1 410
4	超过 25 000 元至 35 000 元的部分	25	2 660
5	超过 35 000 元至 55 000 元的部分	30	4 410
6	超过 55 000 元至 80 000 元的部分	35	7 160
7	超过 80 000 元的部分	45	15 160

要求：假设不考虑其他税费，各支付单位对凯伦上述各项所得应如何办理扣缴申报？